Kurt Tepperwein

In Hülle und Fülle

AF190166

Kurt Tepperwein

In Hülle und Fülle

Die sieben Gesetze für inneren und äußeren Reichtum

Originalausgabe 2000
© 2000 Wilhelm Goldmann Verlag, München,
in der Verlagsgruppe Bertelsmann GmbH
Original Titel: „Der Weg zum Millionär"

Sonderauflage 2018 © by IAW Anstalt, Vaduz
www.iadw.com

ISBN: 978-3-7460-9349-9

Die Deutsche Nationalbibliothek verzeichnet diese Publikation
in der Deutschen Nationalbibliografie; detaillierte bibliografische Daten
sind im Internet über www.dnb.de abrufbar.

Umschlaggestaltung: www.layART.li
Umschlagmotiv: ©fotolia.com/5123632/53078259
Herstellung und Verlag: BoD – Books on Demand, Norderstedt
Made in Germany

Internationale Akademie der Wissenschaften (IAW) Anstalt, FL-9490 Vaduz
Tel. +423/233 12 12, Fax +423/233 12 14

Inhaltsverzeichnis

Vorwort

Unser Umgang mit Geld ist hochgradig emotional, und es gibt nichts auf dieser Welt, das des Geldes wegen nicht getan oder nicht befürchtet wird.

Für Geld wird praktisch alles getan, weil ihm ein viel zu hoher Stellenwert beigemessen wird. Wir meinen, abhängig von Geld zu sein, und diese Abhängigkeit erzeugt wiederum Angst.

Das vorliegende Buch kann uns eine große Hilfe sein, um zu lernen, uns bewusst mit Geld und Reichtum auseinander zu setzen und diese Dinge zu achten, ohne sie überzubewerten.

Zudem ist es an der Zeit, unseren Kindern einen anderen Umgang und ein anderes Bewusstsein in Bezug auf Geld mitzugeben, als uns, in Ermangelung eines besseren Wissens, zuteil geworden ist.

Der erste Schritt zu diesem Bewusstsein beinhaltet die Frage, wie wir unser Dasein verantwortungsvoller und mit mehr Glück und Freude erfüllen können. Beginnen wir mit dem Versuch, diese Frage zu beantworten!

Die spirituellen Aspekte

Da wir in einer Zeit leben, die ein Wachstum an Bewusstsein erfordert, befassen wir uns zuerst mit den spirituellen Aspekten von Wohlstand und allem, was damit unmittelbar zusammenhängt.

Wenn wir uns in unseren Beziehungen, in unserer Arbeit, in der Umwelt umsehen, sollte es uns eigentlich leicht fallen zu erkennen, wie dringend notwendig eine Änderung des Bewusstseins ist, wenn wir auf diesem Planeten glücklich, friedvoll und in Wohlstand leben wollen. Wichtig ist zu erkennen, dass es keine große Rolle spielt, ob das Massenbewusstsein schon verantwortungsvoll ist oder nicht. Es zählt einzig und allein, dass wir uns selbst verantwortungsvoll verhalten und bewusster werden. So helfen wir mit, die Samen des Erwachens hinauszutragen, damit sie irgendwo in der Welt – dort wo gerade die richtige Zeit dazu ist – auf fruchtbaren Boden fallen und zu einer starken Pflanze heranwachsen. Es sind kleine, wichtige Schritte, und mit jedem Atemzug, den wir bewusst und liebevoll tun, helfen wir mit, eine lichte, harmonische Welt zu erschaffen, die ihrerseits uns unser Dienen hundertfach zurückerstatten wird.

Der spirituelle Aspekt von Geld

Der spirituelle und liebevolle Umgang mit Geld kann für uns zu einer großen Hilfe werden, um auf unserem Weg vorwärts zu kommen.

Liebe, Ängste, Wertschätzungen, Macht oder Ohnmacht und Verantwortungsgefühle eines Menschen spiegeln sich in seinem Umgang mit Geld und irdischem Besitz wider.

Nur über den spirituellen Umgang mit Geld, das heißt unter Miteinbezug von Liebevollem, Kreativem und Friedvollem wird es möglich sein, die Einstellung zu uns selbst, zu unseren Mitmenschen und zur Umwelt zu unserem eigenen und dem Wohl anderer zu gestalten.

Es geht im Wesentlichen nicht darum, Besitztümer anzuhäufen und in kurzer Zeit seine Bankkonten zu überfüllen, sondern es geht darum, uns daran zu beteiligen, die jahrtausendealten Fehlhaltungen gegenüber Geld, Besitz, Macht und Wachstum zu revidieren und harmonisch neu aufzubauen.

Geld empfangen und weiterreichen

Die geradezu simpel anmutende Einführung, quasi der erste Schritt zur Heilung des eigenen und auch des planetaren Verhältnisses zu Geld kann tagtäglich in der Praxis vollzogen und geübt werden. Geld ist grundsätzlich neutral, also weder positiv noch negativ aufgeladen. Doch dieses an sich neutrale Geld wird mit jedem Weiterreichen und somit auch mit jedem In-Empfang-Nehmen mit den jeweiligen Gefühlen und Energiemustern der Gebenden und Empfangenden aufgeladen.

Stellen Sie sich die ganze Vielfalt an Energien vor, die ein Geldschein oder eine Münze mit sich tragen. Mit welchen Gefühlen sie in Empfang genommen und weitergereicht worden sind. Vielleicht senden sie nun Energien von Ärger, Neid, Achtlosigkeit, Gleichgültigkeit, Sorge oder Bedrücktsein aus. Ebenso gut könnten es Schwingungen von Traurigkeit, Wut, Hass, Unverständnis, Gier oder Müdigkeit sein. Wenn Sie Ihre Phantasie walten ließen, würden Sie die Liste von negativen Emotionen endlos weiterführen können – was wir aber nicht anstreben.

Da im Massendenken das Negative noch immer vorherrscht, wird es wohl nicht allzu oft vorkommen, dass Sie einen Geldschein in Empfang nehmen und allein aufgrund seiner Ausstrahlung ein großes Wohlbefinden verspüren.

Sie aber können ab heute täglich dazu beitragen, dass sich das Medium Geld immer mehr mit Gutem auflädt, und sich auf diese Weise Heilendes in alle Himmelsrichtungen verteilt. Seien Sie ab jetzt bewusst im Umgang mit Geld, segnen Sie es, wenn Sie es empfangen, und tun Sie dies ebenso beim Ausgeben. Sie werden erleben, wie positiv sich diese Segnungen auf Ihren Weg und Ihre finanziellen Angelegenheiten auswirken. Sie selbst werden einen großen Gewinn im ganzheitlichen Sinn daraus ziehen, und Ihr Wachstum wird schneller voranschreiten.

Vom richtigen Umgang mit Geld

Das Wichtigste ist nicht, möglichst viel Geld zu besitzen, sondern den Umgang damit zu verbessern und glücksbringender zu gestalten. Abgesehen davon müsste man sich einmal die Frage stellen, wie man denn mit möglichen Millionen umgehen will, wenn man vielleicht noch nicht einmal die Hunderter und Tausender im Griff hat.

Geld ist in erster Linie ein Tauschmittel: Sie erstehen einen Gegenstand und geben dafür Ihr Geld aus. Nun gibt es Menschen, die kaufen alle möglichen Dinge –

vor allem solche, die sie weder brauchen, noch ihnen energetisch gut tun. Sie stopfen ihre Wohnung, ihr Haus und ihre Schränke mit unsinniger, belastender Materie voll, bis sie beinahe ersticken.

Gehen Sie einmal systematisch all Ihre Schränke und Zimmer durch, und räumen Sie mit altem, unstimmigem Material auf. Befreien Sie sich davon!

Geben Sie Dinge, die andere noch gut gebrauchen können, an diese weiter, und das, was wirklich unbrauchbar geworden ist, lassen Sie verbrennen. Segnen Sie alles, bevor Sie es weiter- oder weggeben und sagen Sie Dank für die geleisteten Dienste.

Hüten Sie sich anschließend davor, den Fehler zu begehen, sofort alles wieder durch neuen Ballast zu ersetzen. Verzichten Sie auf Frust- und Kompensationskäufe. Fehlende Liebe, Sicherheit oder Anerkennung erhält niemand durch ein schönes, teures Kleid oder durch ein neues Auto. Kaufen Sie Dinge, die Ihnen gut tun, Dinge, mit denen Sie sich wohlfühlen, die Sie glücklich machen und Ihre Lebensqualität verbessern. Gewöhnen Sie es sich an, dankbar für Ihren Reichtum, Ihr Materielles zu sein. Gehen Sie in Ihrem Heim die stimmigen Besitztümer durch – auch die kleinen! – und danken Sie sich und dem Leben dafür. Diese materiellen Güter werden dann, ebenso wie Geld, das beim Annehmen und Ausgeben gesegnet worden ist, lichtvolle, heilsame Energien verbreiten. Hier liegt eine tiefe Weisheit verborgen, die besagt, dass alles, was wir lieben, uns letztlich als Hilfe zur Verfügung steht.

Der spirituelle Aspekt von Reichtum und Besitz

Reich zu sein bedeutet nicht, Millionen zu haben, Häuser, Villen und Land zu besitzen. Es kann aber sein, dass Menschen mit Millionen im Hintergrund auch innerlich wirklich reich sind. Nämlich dann, wenn sie sich verantwortlich und liebevoll um ihr Vermögen kümmern und davon sinnvollen Gebrauch machen. Das schließt immer auch die Förderung (z.B. mit Darlehen) von Menschen mit ein, die willens sind, sich weiterzuentwickeln. Wenn aber Millionäre mit ihrem Geld nicht im ganzheitlichen Sinn arbeiten, kann die Geldenergie nicht im positiven und glücksbringenden Sinn fließen. Dann wird die ganze Materie zum krankmachenden Ballast, der jede Entwicklung und jedes echte Glück ausschließt.

Reich zu sein bedeutet nämlich, über genügend Mittel für seine Entwicklung zu verfügen, so dass man das lernen und erschaffen kann, was aus dem eigenen Schöpfungspotential verwirklicht werden soll, damit nichts brachliegt. Der Mensch ist dazu aufgefordert, seine Kreativität zu entfalten, sein Potential auszuschöpfen und seine Entwicklung in jeder Hinsicht zu fördern. Hat jemand jedoch zu wenig finanzielle Mittel, so entgehen ihm unter Umständen wichtige Schritte, die ihn auf seinem Weg weiterbringen könnten. Damit besteht die Gefahr einer Stagnation.

Sie sollten also danach streben, in einem *ganzheitlichen Sinn* reich zu werden. Und dieses Ziel können Sie unter Umständen genauso gut mit DM 3000.-- im Monat erreichen, wie mit DM 15 000.--. Es kommt ganz darauf an, was Sie verwirklichen wollen, was Ihre wahre Bestimmung ist.

Macht und Verantwortung

Eine weitere wichtige Rolle spielt dabei die Fähigkeit des Übernehmens von Verantwortung. Je mehr Geld (= Energie) Sie zur Verfügung haben, desto kraft- und machtvoller werden Sie. Somit haben Sie noch mehr Möglichkeiten, noch mehr Freiräume zur Verfügung. Nun liegt es an Ihnen, diese wiederum weise zu gebrauchen.

Dabei ist es immer sehr hilfreich, um göttlichen Beistand und um das Wohl aller Beteiligten zu bitten.

Sie haben auch die Wahl, Ihren Reichtum, Ihre Macht weiter zu vergrößern, wenn Sie sich schon fähig fühlen, damit umzugehen. Vielleicht aber erkennen Sie, dass Sie noch nicht reif genug sind, und kommen mit dem Vorhandenen gut vorwärts und sind glücklich und erfüllt dabei. Dann ist es Ihnen erlaubt, für den Moment dankend abzulehnen und auf dem Niveau, auf dem Sie gerade stehen, weitere nötige Erfahrungen zu sammeln. Mit der Zeit werden Sie daran wachsen und irgendwann die nächste Stufe erklimmen.

Wenn Ihnen so immer mehr Macht und Verantwortung übergeben wird, werden Sie auch mit Ihren eigenen unaufgearbeiteten Seiten konfrontiert werden. Falls es Ihnen gelingt, ehrlichen Herzens und authentisch zu bleiben – auch sich selbst gegenüber – werden Sie diese gefährlichen Klippen umschiffen und die Chance wahrnehmen, ganz, heil zu werden und sich weiterhin an Ihrem ganzheitlichen Reichtum zu erfreuen. Der Segen des Göttlichen wird Sie dabei begleiten.

Erkennen Sie immer wieder, dass das Allerwichtigste im Leben nicht aus dem Wieviel an materiellen Gütern besteht, sondern aus einem spirituell geführten und deshalb beglückenden Sein.

Gehen Sie also sehr bewusst mit sich selbst, mit Ihrem Geld, Ihrem Besitz und überhaupt allem Materiellen um. Hass oder Wut auf materielle und weltliche Dinge entspringen einem unbewussten Zustand. Diese Energie wird sich irgendwann umkehren und auf den, der sie aussandte, zurückfallen.

Ebenso wichtig ist es, liebevoll und verantwortungsbewusst mit geerbtem Besitz umzugehen. Ein Erbe bedeutet immer auch Verantwortung und berechtigt nicht zu Achtlosigkeit oder Unbewusstheit. Ganz im Gegenteil! Zu erben ist ein Geschenk, ein Bonus des Göttlichen, welches zugleich Chance und Risiko in sich trägt. Erweisen Sie in diesem Fall dem Geschenk Ihre größte Aufmerksamkeit und zeigen Sie sich würdig, es verantwortungsvoll zu nutzen.

Wer sich auf diese Weise harmonisch vom Fluss des Lebens tragen lässt, und damit energetisch seinen Anteil an der Heilung dieses Planeten leistet, darf der steten universellen Unterstützung und Hilfe gewiss sein. Auch wird er sich an einer erfüllenden Partnerschaft und an wahren, tragfähigen Freundschaften erfreuen können. Denn diese Dinge machen in erster Linie eine hohe Lebensqualität aus. Und in zweiter Linie besteht natürlich immer die Möglichkeit, dass sich dieser innere, stimmige Reichtum, diese Fülle auch im Außen manifestiert.

Der spirituelle Aspekt von Beruf und Arbeit

Üben Sie sich darin, Ihre Arbeit meditativ, bewusst und entspannt zu verrichten. Wenn Sie Ihre Berufung gefunden haben, Ihre Arbeit Sie befriedigt und beglückt, wird es Ihnen ein Leichtes sein, ganz darin aufzugehen, sich wohl zu fühlen.

Wichtig ist es auch, die Polarität Arbeit – Freizeit zu regeln. Selbst bei einer erfüllenden Tätigkeit wäre es unsinnig, wie eine dauernd funktionierende Maschine 16 Stunden am Tag zu arbeiten. Der Gegenpol der Erholungsphase ist als Ausgleich absolut notwendig. Nehmen Sie sich Zeiten, die Sie ausschließlich sich selbst widmen, und auch solche, die Sie in guter Gesellschaft mit lieben und interessanten Freunden verbringen. Nehmen Sie sich auch immer genügend Zeit für Ihre Partnerschaft, um sie zu nähren und wachsen zu lassen.

Finden Sie Ihre wahre Be-rufung, folgen Sie dem Ruf zu Ihrer wahren Tätigkeit, indem Sie erkennen, wo Ihre eigentlichen Fähigkeiten liegen. Akzeptieren Sie auch Ihre Grenzen und das, was Ihnen wirklich nicht liegt. Fördern Sie alsdann intensiv und freudvoll Ihre Berufung, nämlich das, was Sie in Ihrer Entwicklung weiterbringt und Ihr Leben bereichert, weil es speziell auf Sie und Ihr Schicksal zugeschnitten, gewählt worden ist.

In dieser Erfüllung werden auch Konkurrenzdenken und somit Ängste und Stress wie Schnee an der Sonne wegschmelzen, da Konkurrenzdenken ausschließlich dort entsteht, wo verschiedene Menschen *nicht* ihrer wahren Berufung nachgehen. Würden sie dies nämlich tun, so wären sie auch erfolgreich und auf ihrem Gebiet und in der Qualität dessen, was sie anzubieten haben, unschlagbar. Auch hier ist Qualität gefragt, nicht Quantität. Deshalb ist es so wichtig, der wahren Berufung nachzugehen und Qualität zu liefern. Ob dies wirklich der Fall ist – oder Sie sich das bloß einbilden – können Sie leicht daran erkennen, wenn Sie sich in Ihren Angelegenheiten wohl und entspannt fühlen, wenn Sie Unterstützung und Hilfe erhalten und Ihre Arbeit von Erfolg gekrönt wird. Diese Regeln können Sie übrigens auch für alle anderen Lebensbereiche verwenden.

Ein Leitsatz Ihres weiteren Lebens könnte lauten: *Alles, was ich authentisch und bewusst vollziehe, lässt mich wachsen.* (Unbewusstes Handeln bringt mich niemals weiter.)

Lernen Sie deshalb, sich liebevoll auf Ihre wahre Berufung einzulassen, und Sie werden sogar über den Bereich Arbeit – dort, wo Sie's vielleicht nicht gerade erwartet haben – Ihre Liebesfähigkeit weiterentwickeln können. Je liebevoller Sie werden, desto mehr wird es Ihnen auch möglich sein, in der richtigen Weise mit Macht umzugehen. Macht wurde und wird noch immer von sehr vielen ohne Liebe und auf zerstörerische Art missbraucht. Andererseits birgt Liebe ohne Macht ein großes Potential an Hilflosigkeit.

Sehr nützlich kann es auch sein, sich am Leben von Menschen zu orientieren – beziehungsweise sich anregen zu lassen –, die es geschafft haben, ihre ureigensten Talente zu entwickeln und diese zu ihrem Beruf zu machen. Sich auf dieses Stimmige einzuschwingen, könnte auch in Ihnen Energien wachrufen, die Sie immer näher zu Ihrem wahren Wesen führen.

Erkennen Sie Ihre Liebesfähigkeit, Ihre Probleme und Ihre spirituelle Entwicklung daran, wie Sie mit Geld, Besitz und Beruflichem umgehen. Beobachten Sie sich selbst und andere in diesen Bereichen. Sie können sicher sein, dass jemand, der zu seinen Fehlern, seinem unvollkommenen Teil steht, auch einmal über sich selbst lachen kann und sich nicht zu ernst nimmt, ein vertrauenswürdiger Mensch ist. Hören Sie deshalb auf, sich zu verstellen. Seien Sie der, der Sie sind und leben Sie danach.

Ein bisschen Geldgeschichte

Es versetzt einen immer wieder in großes Erstaunen zu beobachten, welche Verachtung Menschen dem Geld gegenüber an den Tag legen. Zwar haben wir angeblich die sexuelle Revolution hinter uns gebracht und kümmern uns ab und zu auch ein bisschen um den Schutz der Umwelt, doch was die Enttabuisierung des Geldes angeht, tappen wir weitestgehend und unter Einhaltung eines riesigen Abstandes im Dunkeln.

Dabei sollten wir erkennen, dass hier, sowie auf jedem anderen Gebiet, wir selbst die einzige zuverlässige Quelle des Wohlstandes und der Erfüllung sind.

Eine der wichtigsten Regeln lautet: Geld sollte Spaß machen und unsere Entwicklung fördern. Egal, wie viel oder wenig davon vorhanden ist. Wichtig ist es, in der Fülle zu leben und aus der individuell gewählten Fülle schöpfen zu können. Die Bedeutung des Wie viel und des Was dieser Fülle ist für jeden wieder etwas anderes.

Der Werdegang des Geldes

Geld ist ein Ersatzmittel, ein Werkzeug des Handels von Waren und Dienstleistungen. Schon lange bevor man mit Münzen oder dann noch später mit Noten Geschäfte trieb, existierten geldähnliche Tauschmittel in Form von Tierkrallen und -zähnen, Muscheln, Fellen, Tüchern, Gewürzen, Getreide, Kleidern, Waffen, Edelsteinen, Schmuck, Kupfer, Silber und Gold. Was auch immer getauscht wurde, stets handelte es sich um Dinge, die nicht wie Sand am Meer zu finden waren, weshalb es für den Menschen über die Jahrtausende prägend geworden ist, dass er sich, um diese Mittel zu erlangen, ziemlich bemühen, wenn nicht sogar unglaublich anstrengen muss. Als eine Alternative blieb nur noch der Betrug. Alles in allem ziemlich unattraktive Betrachtungsweisen der ganzen Angelegenheit.

Weil das Erlangen von Materiellem für viele zu einem richtigen Kampf ausartete, ist unser Umgang damit dementsprechend emotional gefärbt. Wir wünschen uns diesbezüglich, nach den Sternen greifen zu können, und lassen uns trotzdem immer wieder versagen, weil die entsprechenden Muster, Überlieferungen und eigenen Erfahrungen zu tief sitzen und bestenfalls verdrängt werden.

Auch sind viele unserer übernommenen Strukturen ängstlich darauf ausgerichtet, sich an so genannte Sicherheiten zu klammern. Doch diese Haltung lähmt in einem hohen Maße unsere Kreativität. Würden wir andererseits unsere Fehlhaltungen auflösen und mit einem geheilten Geldbewusstsein, einer gesunden Mischung aus Tatendrang, phantasievoller Vision, Bodenständigkeit und innerer Ruhe an unsere Projekte herangehen, könnten wir viele Erfolge verzeichnen.

Es wäre ein ebenso großer Fehler, vor reichen Leuten kritiklos einen Kniefall zu machen, wie diese einfach abzulehnen, nur weil sie Geld haben. Beides ist unangemessen, und Sie sollten sich darüber im Klaren sein, dass sich auf jeder finanziellen Ebene Menschen mit Stärken und Schwächen, mit guten und schlechten Eigenschaften befinden – Menschen eben!

Lernen Sie, sich selbst zu schätzen, mit all Ihren guten Seiten und auch mit jenen, die noch entwicklungsfähig sind. Hören Sie in erster Linie damit auf, sich und Ihre Situation zu bemitleiden, sich ständig zu beklagen. Versuchen Sie nicht, in keinem Bereich, Mitleid zu erregen, denn Glück, Wohlstand und materieller Überfluss denkt nicht daran, sich bei jammernden, weinerlichen, bettelnden Ver-sagern niederzulassen. Fragen Sie sich deshalb primär, wie Sie Ihr Dasein mit mehr Glück und Lebenslust erfüllen können.

Wenn Sie sich daran machen, diese Schritte zu vollziehen, dauerhaft miteinzubauen, ergibt sich der Rest von selbst.

Hören Sie auf, schwer und hart zu arbeiten und gönnen Sie sich Pausen des süßen Nichtstuns. Sie fühlen sich danach erfrischt, harmonisiert und sind viel kreativer. Zudem hört es sich auch ziemlich mitleiderregend oder zumindest anerkennungsheischend an, wenn jemand ständig über seinen kaum zu bewältigenden Arbeitsanfall, seinen diesbezüglichen Stress und die vielen Probleme berichtet. Auch das zeugt letztlich nur von einem unausgeglichenen und unbewusst gestalteten Leben, und Sie können sicher sein, dass ein solcher Mensch auch auf anderen Ebenen unaufgearbeitete Probleme mit sich herumschleppt.

Einen Satz sollten Sie sowieso aus Ihrem Bewusstsein und damit aus Ihrem Sprachgebrauch streichen: »Ich kann nicht!« Sagen Sie an dieser Stelle: »Ich will nicht!« Dies ist viel realistischer und ehrlicher und fördert die Eigenverantwortlichkeit.

Nachfolgend möchte ich Ihnen nochmals die wichtigsten Funktionen des Geldes zusammengefasst in Erinnerung rufen. Zum Punkt 5 ist anzumerken, dass der vielzitierte Satz »Geld regiert die Welt« auch im Kleinen seine Gültigkeit hat. Versuchen Sie einen Moment lang zu erfassen, was dies für den einzelnen, für die verschiedenen Nationen und überhaupt für die ganze Weltwirtschaft bedeutet und wo wir alle mithelfen könnten, dies vorerst in unserem Bereich zu verändern.

Funktionen des Geldes

Geld beinhaltet verschiedenartige Funktionen. Geld ist:

1. **Das genialste Tauschmittel,** das der Mensch erfinden konnte. Mit dieser Hilfe ist es jederzeit möglich, immobile Werte, wie z.B. Grundstücke, von einer Person auf die andere zu überschreiben.
2. **Ein Sparinstrument.** Durch die Möglichkeit, Geld aufzubewahren, ergibt sich ein Anrecht auf Konsum und Investitionen zu einem späteren Zeitpunkt.
3. **Eine Recheneinheit,** die als Wertmaßstab dient. Dadurch können Preise für Waren und Güter auf einen gemeinsamen Nenner gebracht werden.
4. **Ein Profitanzeiger.** Per Bilanz lassen sich Produktivität oder auch Unrentabilität eines Unternehmens erkennen. Geld gilt deshalb auch als Anzeiger für persönlichen Erfolg oder Misserfolg.
5. **Ein Machtinstrument.** Mit Geld lassen sich nicht nur Waren, Wertpapiere, Grundstücke oder ähnliches kaufen, sondern manchmal auch Menschen.

Armutsbewusstsein

Wir müssen vollends davon abkommen, die so genannten äußeren Umstände für unsere verschiedensten Miseren verantwortlich zu machen. Die Fälle, in denen dies tatsächlich zutrifft, sind kaum auszumachen. Vielmehr handelt es sich bei denjenigen, die das Leben aus dieser Perspektive betrachten, um Menschen, die nur allzu gerne in ihrer Opfermentalität verharren.

Eine große Rolle beim Armutsbewusstsein spielen auch Schuldgefühle. Diese können mannigfaltig gefärbt sein. »Das kann ich mir überhaupt nicht leisten!« bedeutet in Wirklichkeit meist: »Das bin ich nicht wert!« Dies ist auch zu beobachten, wenn sich Menschen beruflich – oder auch sonst – unter ihrem eigentlichen Wert verkaufen, weil sie sich nicht wertvoll genug fühlen, das zu fordern, was ihnen zusteht.

Zu beobachten ist auch der Umgang unter Freunden, wenn sie Waren oder Dienstleistungen anbieten. Oft fordern Freunde einen »Freundschaftspreis«. Auch dann noch, wenn sie selbst wohlhabender als der andere sind. Lassen Sie sich niemals auf einen solchen Handel ein, denn er unterstützt Ihr Armutsbewusstsein. Sie und das, was Sie anbieten, sind den Preis wert, und Freunde sollten Ihren Wert erst recht erkennen. Seien Sie dort großzügig, wo Ihnen danach zumute ist, aber lassen Sie sich niemals unter Druck setzen.

Reichtum und Spiritualität

Auf den ersten Blick mag es als unüberwindbarer Gegensatz erscheinen, einerseits im Hier und Jetzt leben zu wollen, und sich andererseits mit Positivaffirmationen, Visionen, Mental-Training u.a. eine erfolgreiche Zukunft zu verschaffen. Was aber so konträr scheint, ist in Wirklichkeit ein einheitlicher Weg zu einem erfüllten Leben und damit auch zur Fähigkeit, anderen Menschen diese Einheit aufzuzeigen.

Wenn Sie dahingekommen sind, jetzt endlich wissen zu wollen, wer Sie wirklich sind, wo Ihre Fähigkeiten und Aufgaben liegen, wenn Sie Ihre innere Hilflosigkeit ablegen und stattdessen Ihre wahre Stärke in Anspruch nehmen wollen, ist der erste Schritt dazu das Loslassen.

Entspannen Sie sich grundlegendst und lassen Sie davon ab, sich kämpferisch und manipulativ durchs

Leben zu schlagen, weil Sie befürchten, sonst nicht einmal Teilstücke dessen zu bekommen (sich erhaschen zu können!), was Sie sich wünschen. Hören Sie für eine Weile auf, so viel zu tun und seien Sie einfach da.

In dieser Entspannung fühlen Sie sich bald so befreit und wohl, dass Sie – vielleicht zum ersten Mal – sich selbst begegnen.

Je öfter Sie diese Erfahrung machen, desto intensiver wird der Kontakt zu Ihrem wahren Selbst, und mit der Zeit werden Sie von ungeahnten kreativen Einfällen nur so sprühen. Sie werden bald den Wunsch verspüren, Ihr Leben und Ihre Zukunft stimmig zu gestalten. Hier bietet Ihnen das Mental-Training (weiteres dazu im Kapitel »Schöpferische Imagination«) eine wunderbare Chance, Ihre Energie auf die höchsten und wirklich lohnenden Ziele zu konzentrieren und diese auch zu erreichen.

Die vier Gesetze des Geldes

Es ist zu beachten, dass Geld nicht dem Element Erde zugeordnet ist, wie viele von uns vielleicht fälschlicherweise glauben. Es kann sehr unangenehme Konsequenzen haben, im Irrtum zu verharren, Geld lasse sich gerne statisch und unbeweglich machen und habe einen natürlichen Bezug zum Konkreten, zu starren Strukturen und Besitz.

Von seiner Natur her ist Geld vielmehr beweglich und luftig und lässt sich seines Luftprinzips wegen nicht gern statisch machen. Es ist daher nur logisch, dass Menschen, die sich vom angeblichen Erdprinzip des Geldes nicht abbringen lassen, oft eine Neunzig-Stunden-Woche bewältigen müssen, um zu Geld zu kommen. Damit geschieht ihnen nach ihrem Glauben!

Wenn Sie eine entspannte und harmonische Beziehung zum Geld erreichen und erhalten wollen, sollten Sie erkennen, dass es sich wie ein verspielter Schmetterling verhält, der dennoch wie ein guter Freund gern zu Ihnen findet, wenn Sie ihn anerkennend willkommen heißen – der sich aber genauso sehr freut, wenn

Sie ihn voller Verständnis wieder ziehen lassen, wenn ihm danach ist.

Zu beachten ist auch, dass sich Geld bei Gewinnern wohl fühlt und bei ewigen Versagern flüchtet, die sich wenig bis nichts zutrauen. Wenn Sie eine dauerhafte, lebenslange Freundschaft mit der Energie Geld pflegen wollen, sollten Sie Ihr Selbstwertgefühl massiv steigern.

Setzen Sie dem jetzt nicht entgegen, so würden lauter selbstsüchtige Menschen hervorgebracht. Denn damit hat diese Haltung nichts gemein. Egoismus und Gier sind das Gegenteil von einem hohen Selbstwertgefühl, das immer auch Respekt und Liebe für den anderen und die Umwelt beinhaltet. Eigennütziges, egoistisches Denken jedoch entspringt immer einer tiefen Angst, nicht genug vom Leben zu bekommen – es sich darum auf Kosten anderer stehlen zu müssen. Der Preis einer solchen inneren Haltung ist meist unangenehm hoch.

Fühlen Sie sich wertvoll und seien Sie liebevoll und großzügig mit sich selbst und anderen. Vor allem in Zeiten, in denen das Geldbewusstsein noch nicht so stark entwickelt ist, die Geldreserven noch nicht so üppig sind, scheint es wichtig, großzügig zu sein und nicht zu knausern.

Geben Sie aus diesem Grund immer genügend Trinkgeld. Dieses soll nicht den gepflegten Service aufzeigen, sondern Ihre Großzügigkeit sich selbst gegenüber. Das so ausgegebene Geld wird es Ihnen danken, indem es auf mannigfache Art wieder zu Ihnen zurückkehrt.

Jede Großzügigkeit zahlt sich aus. Auch die mentale Großzügigkeit seinen Mitmenschen gegenüber wird im Laufe der Zeit um ein Vielfaches an Glücksbringendem zu Ihnen zurückkehren.

Das Gesetz des Verdienens

Der wohl wichtigste Punkt dieses Gesetzes besagt, dass Geld *für Sie* arbeiten soll, nicht umgekehrt. Ebenso soll Geld verdienen eine äußerst vergnügliche und keine harte Angelegenheit sein, nach der Sie fix und fertig sind.

Dieses erste Gesetz muss grundsätzlich beherrscht werden. Daraus ergibt sich der weitere freudvolle und unverkrampfte Aufbau der drei anderen Gesetze.

Überblicken Sie Ihr bisheriges Leben und konfrontieren Sie sich mit dem Gedankengut Ihrer Vergangenheit. Diese beiden Ebenen werden sich miteinander decken, ob Sie sich dessen bewusst sind oder nicht. Arbeiten Sie deshalb mit wirkungsvollen Positivaffirmationen und tun Sie dies möglichst schriftlich. Etwaige gegenteilige Gefühle, die dabei aufkommen, weisen auf innere Blockaden hin, die näher zu betrachten und intensiver zu bearbeiten sind.

Hier finden Sie eine Anzahl nützlicher Beispiele für Geldaffirmationen:

- Ich verdiene es, wohlhabend zu sein
- Ich lebe im Überfluss und mit der Unterstützung des Göttlichen
- Alles, was ich brauche, fällt mir zur rechten Zeit zu
- Ich bin unabhängig und stark
- Mir wird zuteil, und ich teile mit anderen
- Ich übernehme freudig die Verantwortung für mein Leben
- Meine Arbeit ist mir ein ewiger Quell der Inspiration
- Dafür, dass ich willens bin zu wachsen, werde ich reichlich belohnt

Schreiben Sie über einen längeren Zeitraum die von Ihnen ausgewählten oder selbst kreierten Affirmationen nieder. Wichtig ist, dass alle *positiv* formuliert sind, z.B. »Ich bin unabhängig und stark«. Es darf *nicht* heißen: »Ich bin nicht mehr abhängig und schwach«.

Bei diesen Übungen werden Sie auch die Erfahrung

machen, dass alte Negativmuster zäh sein können und immer wieder aufflackern. Manchmal klammert man sich geradezu an solche alten Strukturen, weil sie einem vertraut sind. Dieses Vertraute setzen wir fälschlicherweise oft mit Sicherheit gleich. Was aber ist das für eine Sicherheit, die uns unglücklich macht, uns leiden und darben lässt?

Seien Sie sich selbst gegenüber unbarmherzig ehrlich, lockern Sie die zugemauerten Überzeugungen der Vergangenheit, bis sie zu Staub zerfallen und von den frischen Winden ins Nichts zurückgetragen werden. Dorthin, woher sie einst gekommen sind.

Bei dieser Selbstanalyse können Sie viele Aspekte berücksichtigen. Je mehr Sie miteinbeziehen, je profunder Sie Ihre Innenschau gestalten, desto klarer, überzeugender und authentischer wird das Ergebnis sein. Sie können bei Ihrer Zeugung beginnen, die Zeit der Entwicklung im Mutterleib nachvollziehen, wie auch Ihre Geburt. Gehen Sie weiter in Ihren frühen Lebensjahren, spüren Sie elterliche oder geschwisterliche Missbilligungen auf, später dann die Ihrer Lehrer und Ausbilder. Begegnen Sie spezifischen negativen Einstellungen, Ihrer Todessehnsucht, und lassen Sie auch frühere Inkarnationen nicht außer Acht, welche Ihr jetziges Leben beeinflussen können. Gestehen Sie sich die Gefühle ein, die Sie empfinden. Selbst wenn es sich dabei um Wut, Angst, Scham oder Hass handelt. Solche

Gefühle zu verdrängen oder zu negieren würde viel dazu beitragen, dass sich Ihre Wünsche niemals erfüllen.

Gerade in Gelddingen ist es äußerst wichtig, das elterliche Verhalten – auch den Aspekt des gegenseitigen Verhaltens als Ehepartner – zu rekonstruieren und für sich selbst zu revidieren. Lernen Sie, friedfertig und ruhig über Geld zu sprechen, auch mit Ihrem Partner. Die Meinung, dass Diskussionen über Geld in Streit ausarten, sollte umgewandelt werden in das Wissen, dass auch in Geldangelegenheiten der liebevolle Ton gewahrt werden kann, oder wenn Schwierigkeiten auftreten sollten, diese bereinigt werden können.

Geheimniskrämereien in finanziellen Dingen tragen ein ebenso großes Konfliktpotential in sich, wie es alle Unehrlichkeiten in jedem anderen Bereich der Partnerschaft auch tun. Vermeiden Sie unbedingt solche Situationen, indem Sie dafür sorgen, dass sie gar nicht erst entstehen können. Wenn Sie Ihren Partner als gleichberechtigten, wertvollen Menschen betrachten, wird dieser Punkt für Sie sowieso natürlich und selbstverständlich sein.

Arbeiten Sie also mit Affirmationen und Visualisierung (Mental-Training), um Ihr Wohlbefinden, Ihren Wohlstand zu erlangen. Bewegen Sie sich zudem mental im Alltag stets »erster Klasse«. Verwöhnen Sie sich selbst und wünschen Sie jedem, dem Sie begegnen, ebenfalls das Beste. Diese gute Angewohnheit wird Ihnen aufgrund des Gesetzes der Resonanz viel Schönes im Leben zukommen lassen, denn Sie ziehen für sich selbst das an, was Sie den anderen wünschen.

Das Gesetz des Ausgebens

Dieses Gesetz beinhaltet den Austausch, das Geben nach dem Nehmen, das Fließenlassen.

Lernen Sie beim Ausgeben innerhalb Ihrer momentanen Verhältnisse gut zu leben. Sicher gibt es bei den meisten Verbesserungsmöglichkeiten. Sie könnten sich ein Budget erstellen. Nicht aus Angst, dass das Geld sonst nicht bis zum Ende des Monats reicht, sondern weil Sie vielleicht hier und da beim genaueren Hinsehen erkennen, dass Ihre bisherige Einteilung umgestaltet, optimiert werden kann.

Es ist kaum anzunehmen, dass sich ohne genaues Studium Ihre finanzielle Lage einfach so verbessert. Ebenso wenig wären Sie später fähig, mit mehr Geld effizient umzugehen.

Auch hierzu drei Beispiele von Affirmationen, die Ihre Großzügigkeit und das Vergnügen, freudig und dankbar wegzugeben, fördern:

o Ich lasse mein Geld fließen, damit es vielfach wieder zu mir zurückkehren kann
o Meine Einnahmen übersteigen in jedem Fall meine Ausgaben
o Meine Großzügigkeit anderen gegenüber macht auch andere mir gegenüber großzügig

Das Gesetz des Sparens

Sparen Sie ab sofort! Dies ist sehr wichtig. Sparen Sie nicht erst dann, wenn Sie glauben, dass Sie es sich jetzt leisten können oder, wenn Sie keine Schulden mehr haben. Die viel gepriesene Gewohnheit von Erfolgreichen, 10% ihres Einkommens auf ein Sparkonto anzulegen, zeigt die Fähigkeit, *sich zuerst* zu bezahlen, *sich* zu beschenken. Dies trägt viel zur Steigerung Ihres Selbstwertgefühls bei, weil es Ihnen auch vermittelt, mehr einzunehmen, als zu brauchen – in der Fülle zu leben.

Sparen bedeutet nicht, etwas günstiger zu erwerben, und es sollte auch nicht aus Angst vor knappen Zeiten gespart werden. Sparen Sie ausschließlich, um sich selbst irgendwann etwas ganz Besonderes leisten zu können, sich selbst mit etwas ganz Speziellem zu verwöhnen.

Empfehlenswert ist es auch, mehrere Sparkonten zu führen und auf jedem das Geld ganz spezifisch für seinen bestimmten Zweck anzulegen und dann auch dafür auszugeben.

Der Traum vom großen Geld

Es ist wichtig, zuerst zu lernen, das optimal einzusetzen, was Sie haben. Später vermögen Sie dann mit einem Mehr an Kapital ebenfalls umzugehen, denn Sie haben es im Kleinen gelernt. So werden Sie sich an Ihrem Wohlstand erfreuen, und das Ganze wird nicht zu einem Albtraum verkommen.

Bei verschiedenen Versuchen wurden in der Schule mit einer Gruppe Jugendlicher aus dem Arbeitermilieu Diskussionen über Geld in der Größenordnung einer siebenstelligen Zahl geführt. Dieses Unterfangen zeigte aufschlussreich, wie Menschen im Normalfall mit viel Geld umzugehen pflegen, wenn sie sich damit nicht gut genug auskennen. Alle wollten die Million verprassen, sollten sie je zu einer kommen, und keiner dachte daran, die Gelegenheit zu nutzen, um etwas Sinnvolles und Erfolgreiches damit aufzubauen. Als ihnen im Laufe der Diskussionen aufgezeigt wurde, wie kurz die Zeit ihres Luxuslebens auf diese Weise sein würde, wurden sie doch sehr nachdenklich. Zum Schluss erkannten sie, wie schwierig es ist, richtig mit viel Geld umzugehen. Wie groß die Lernbereitschaft, der Energieaufwand zur Selbstdisziplin für all die Überlegungen, das ganze Planen, die Buchführung und andere Dinge sein muss, damit einem das Geld nicht sofort wieder durch die Finger rinnt.

Die gleichen Fragen wurden Mittelschülern aus dem Mittelstand vorgelegt. Hier bekannten sich mehr als 60% zum Geldanlegen. Eine Minderheit von 15% schrieb sogar, dass sie das Geld ihren Eltern anvertrauen würden, weil diese sicher gut damit wirtschaften würden, bis sie selbst ausreichende Erfahrungen in diesen Belangen gesammelt hätten.

Das Gesetz des Investierens

Dieses Gesetz bedeutet, Erspartes so zu investieren, dass Ihr Gewinn höher ist als der bescheidene Zins auf einem Sparkonto. Dennoch ist das Sparkonto die einfachste Möglichkeit, Geld anzulegen, und niemand braucht dabei zu befürchten, durch Kursverluste etc. etwas zu verlieren. Doch auch schon diese Zinsen sind der Ausgleich dafür, dass Sie Ihr Geld (= Ihre Energie) derzeit nicht für sich selbst beanspruchen, sondern dieses Potential anderen zur Verfügung stellen. Indem Sie

Ihr Erspartes zur Bank bringen, erhält es eine andere Eigenschaft: Es beginnt zu arbeiten und Geld zu verdienen.

Wenn Sie höhere Gewinne für sich beanspruchen wollen, können Sie durch kluges Investieren schon mit kleineren Summen von ein paar tausend oder sogar nur ein paar hundert Mark solche erzielen, die Ihnen dann helfen, weiter zu investieren. Kaufen Sie sich Bücher über intelligentes, erfolgreiches Investment und vertiefen Sie sich in deren Inhalt!

Machen Sie Anlagemöglichkeiten ausfindig, die Sie sorgenfrei schlafen lassen. Investieren Sie ausschließlich in Dinge, die Sie begeistern und seien Sie frohen Mutes und davon überzeugt, gute Gewinne zu erzielen.

Die verschiedenen Geldtypen

Lassen Sie uns einmal betrachten, in welche Typen sich die Menschheit (mehr oder weniger) einteilen lässt, wenn es um Gelddinge geht. Dies kann zu einem vergnüglichen Unterfangen werden, während dem Sie sich bestimmt im einen oder anderen Typ (zumindest ein bisschen) wieder finden werden.

Da gibt es:

Die Gemäßigten

Der Geldtyp der Gemäßigten ist in allen Ländern der Welt in der Überzahl. Die Mehrzahl der Menschen weiß offenbar ihre Einnahmen und Ausgaben in einem ausgewogenen Verhältnis zu halten.

In der Kategorie der Gemäßigten sind nebeneinander zwei verschiedene »Untertypen« zu erkennen. Obwohl sie ein recht unterschiedliches Wesen kennzeichnet, verbinden sie doch gemeinsame Betrachtungsweisen über Geld. Es sind dies:

○ Geld ist ein Mittel zum Zweck und hat nicht den Status eines Götzen
○ Es wird nicht über die Verhältnisse, sondern innerhalb des eigenen Budgets gelebt

Die Gemäßigten finden sich in einfachsten Verhältnissen bis hinauf zum gehobenen Mittelstand, und sie verhalten sich genau so, wie es sich die Landesväter von all ihren Bürgern erhoffen. Sie repräsentieren volkswirtschaftlich gesehen die solide Basis, die gesellschaftliche Stütze des Landes.

Der Sparsame gibt sein Geld berechnend aus. Er ist ein absoluter Verfechter einer perfekten Geldordnung und zudem kein spontaner Mensch, der sich von Werbematerial oder lockenden Angeboten blenden lassen würde. Eher muss er fast dazu gezwungen werden, sein Geld auszugeben. Hingegen ist ihm Geldreserven anzulegen ein großes Bedürfnis, und Schulden zu machen würde er sich niemals verzeihen.

Der Großzügige hat einen spontaneren Charakter und Freude am Konsumieren. Wenn er etwas erblickt, das sein Herz begehrt, ist der Griff zur Kreditkarte absehbar. Auch seinen Mitmenschen gegenüber verhält er sich großzügig und spendierfreudig. Selbst wenn er knapp bei Kasse ist, macht er noch Geschenke. Doch es gelingt ihm immer wieder, seinen Saldo auszugleichen.

Die Extremen

Glücklicherweise ist dieser Geldtyp in der Minderzahl, denn keine Gesellschaft könnte auf einer solchen Basis überleben. Diese Außenseiterrolle teilen sich der Geizige und der Leichtsinnige. Die große Gemeinsamkeit ist ihre Unsolidität und ein schwer vorauszubestimmendes Verhalten. Beide überschätzen Geld, jeder auf seine Art:

o Der Leichtsinnige hat ein chronisch finanzielles Defizit, und der Geizige weist ein großes Defizit im Verhalten seinen Mitmenschen gegenüber auf

Der Geizige hat ein gestörtes Verhältnis zum Geld und lebt in der verqueren Annahme, Geld habe an sich einen Wert. Angst vor der Zukunft, Überdruss des Lebens und vor allem ein menschenverachtender Egoismus prägen seinen Charakter. Zudem besteht die Gefahr, dass sich diese Eigenschaften im Alter noch verstärken.

Der Leichtsinnige lebt andauernd über seine Verhältnisse und gibt Geld aus, ohne es zu besitzen. Er ist der Spielertyp und in seiner schlimmsten Form ein Hochstapler. Weder denkt er je über seine finanzielle Misere nach, noch kümmert ihn die Lage seiner Gläubiger. Beziehungslosigkeit, Hemmungslosigkeit und ein übersteigerter Geltungsdrang sind die Ursachen eines solchen Geldverhaltens.

Die Geldsouveränen

Unter diesem Typ ist der »ideale Geldtyp« zu verstehen. Seine souveräne Einstellung zum Geld rührt daher, dass er den »Sparsamen« und den »Großzügigen« auf ideale Weise in sich vereint hat und dieser harmonischen Mixtur zur perfekten Abrundung sogar einen kleinen Schuss der Eigenschaften des »Geizigen« und des »Leichtsinnigen« zugefügt hat.

Allerdings trägt kaum ein Mensch eine so ausgewogene Balance naturgemäß in sich. Vielmehr existieren »gemixte Varianten« dieses Typus. Das Rezept aller Erfolgreichen beinhaltet drei wichtige Punkte:

- ○ Bewusstsein   –   Weisheit
- ○ Unbewusstes   –   Intuition
- ○ Glück   –   Mental-Training

Weiteres dazu finden Sie in den nächsten Kapiteln!

Bewusstsein eines Millionärs

Auch wenn wir es stets im Auge haben sollten, dass Qualität das Wichtigste ist, so kann es doch nützlich sein, sich einmal mit dem Bewusstsein der Millionäre zu befassen. Nehmen wir jetzt einmal an, dass diejenigen, von denen wir sprechen, nicht nur im Außen sehr wohlhabend sind, sondern sich auch in ihrem Innern einen großen Reichtum erschaffen haben, und somit ein harmonisches, glückliches und erfülltes Leben führen. Millionär zu werden ist in erster Linie eine Frage des Bewusstseins. Es gibt keine Tricks, wie man Millionär werden kann, wie man schnell zu Geld kommt. Der »Trick« ist, zu wissen, wie man sich ein Millionärsbewusstsein zu erschaffen vermag.

Das Geheimnis des Reichtums

Ein wichtiger Schritt auf dem Weg zum Millionär ist, das Armuts- und Mangelbewusstsein aufzulösen und sich ein Wohlstandsbewusstsein zu schaffen. Armut beruht meist auf einer unbewussten Entscheidung, die durch entsprechende Innenschau losgelassen werden kann. Machen Sie sich bewusst, dass auch Sie von Natur aus alles besitzen, was Millionären eigen ist. Der einzige Unterschied besteht darin, dass Sie es bis jetzt noch nicht gewagt haben, Ihr geistiges Erbe anzutreten.

Millionäre haben die Fähigkeit gemeinsam, jede Begegnung und jedes Ereignis in irgendeiner Form zu nutzen, um damit ständig weiterzuwachsen und noch erfolgreicher zu werden. Alles ist eine Frage der inneren Dimension und der Fähigkeit, »den Zufall« zu beherrschen.

Sicher haben auch Sie schon erlebt, dass Sie einen so genannten Zufall bewusst herbeigeführt haben. Meist klappt es schon auf Anhieb überraschend gut mit Dingen, die einem nicht viel bedeuten. Das rührt daher, dass hier die Gier und die Angst wegfallen. Dinge, die einem unbedeutend erscheinen, kann man meist visualisieren und dann ohne Probleme loslassen. Man denkt überhaupt nicht mehr daran, ist voller innerer Gewissheit, lässt das Beste geschehen.

Dieses Vertrauen, diese Gewissheit so zu kultivieren, dass sich das Visualisierte auch in großen und wesentlichen Angelegenheiten manifestiert, ist eines der wichtigsten Geheimnisse des Erfolgs und damit des Reichtums.

Voraussetzung dafür ist der Glaube an den eigenen Erfolg, die unerschütterliche innere Gewissheit. Denn:

Wissen stellt Tatsachen fest.
Glaube aber schafft Tatsachen,
weil Glaube verursacht.

Viele gute, fähige Menschen rackern sich ein Leben lang ab und sterben trotzdem arm. Erfolg hat aber wenig mit Intelligenz und Fleiß zu tun, obwohl eine gesunde Portion von beidem sicher nicht schadet. Doch es gibt genügend intelligente, fleißige Menschen, die es im Leben nie zu etwas gebracht haben. Weil sich jeder sein Leben selbst ausdenkt – bewusst oder unbewusst – und es auch so lebt. Das Leben akzeptiert jedes Bild, lässt im Außen alles in Erscheinung treten, was innerlich verursacht wird. Das Leben spiegelt die innere Wirklichkeit wider.

Fülle ist ein ganz natürlicher Zustand und tritt auch in Ihrem Leben in Erscheinung, sobald Sie von Ihren schöpferischen Fähigkeiten Gebrauch machen, die Materie zu gestalten. Wichtig ist dabei, den unabänderlichen Entschluss zu fassen, diese Fähigkeiten anzunehmen und sie zu Ihrem Wohl und dem anderer einzusetzen. Sie sollten es also wirklich *wollen* – ein bisschen *möchten* genügt hier genauso wenig wie in allen anderen wichtigen Bereichen.

Es gab schon eine Menge guter Dinge, bevor wir zur Welt kamen, und es wird ebenso viel Gutes geben, wenn wir nicht mehr hier weilen. Doch worauf es ankommt, ist, dass wir unsere Erfüllung finden, unser Glück machen, solange wir hier sind. Jetzt ist unsere Chance, unsere Zeit!

Der Weg zum Erfolg

Jeder trägt seinen individuellen Weg in sich. Nachdem Sie den unwiderruflichen Entschluss gefasst haben, erfolgreich und glücklich zu werden, möchte ich Ihnen helfen, sich Schritt für Schritt wieder an sich und Ihr individuelles Sein zu erinnern.

Es sei vorweggenommen, dass Sie sich auch einmal anstrengen müssen. Doch grundsätzlich ist der Weg zu Erfolg und Reichtum nie ein Weg harter Arbeit. Vielmehr ist es ein Weg des Bewusstseins, was auch beinhaltet, die Erfolgshindernisse zu erkennen und aufzulösen, Ballast abzuwerfen, um anschließend seine Fähigkeiten zu erkennen und optimal einzusetzen. So werden Sie jede Chance nutzen können, die das Leben Ihnen bietet.

Ob Sie gesund und erfolgreich sind oder arm und krank, es kostet Sie die gleiche Energie. Nur ist das erste wesentlich angenehmer. Wenn Sie im Mangel leben, zeigt das, dass Sie etwas falsch machen. In jedem Augenblick wird Ihnen aber die Möglichkeit geboten, dies zu erkennen und zu ändern. Die erforderliche grundlegende Änderung hat immer zuerst mental stattzufinden. Denn in Ihrem Bewusstsein, in Ihrer inneren Überzeugung, in Ihren inneren Bildern und Verhaltensmustern entstehen die Ursachen für das, was wir Schicksal nennen.

Bewusstseins-Übungen

Sie können Ihr Bewusstsein in drei Richtungen lenken. Das, worauf Sie Ihr Bewusstsein richten, wird Ihr Leben bestimmen.

Richten Sie Ihr Bewusstsein auf:
1. **Die negativen Dinge,** Umstände und Situationen der Welt, und Sie werden Ungerechtigkeit, Verantwortungslosigkeit, Hass, Neid, Angst, Egoismus, Gedankenlosigkeit und anderes Schlimmes sehen.

Natürlich können Sie sagen, dies seien Tatsachen, und Sie werden Recht behalten.

Als Folge davon nimmt Ihr Bewusstsein diese negativen Schwingungen auf, und sie manifestieren sich in Ihrem Leben als Negativereignisse, Umstände, Blockaden, schlimmes Schicksal.

2. **Die vielen positiven Dinge** in dieser Welt, dann sehen und erleben Sie Hilfsbereitschaft, Freundschaft, Verständnis, materielle Möglichkeiten, Wachstum, Kraft, Gesundheit und die Freiheit, einen als nicht mehr stimmig erkannten Weg jederzeit verlassen und auf dem nun für Sie richtigen weitergehen zu können.

Als Folge davon nimmt Ihr Bewusstsein diese positiven Schwingungen auf, und sie manifestieren sich als Glück, Harmonie und Wohlstand.

3. **Das höchste Prinzip,** auf die schöpferische Urkraft, das Sein. Dann schauen Sie weder auf eine bestimmte Form oder Zeit, noch auf einen bestimmten Raum oder Ort, sondern richten Ihre Aufmerksamkeit nur noch darauf, was das Leben in gerade diesem Augenblick von Ihnen will, und erfüllen ihn nach dem Gesetz der göttlichen Ordnung. So sind Sie in steter Harmonie mit dem Strom des Lebens – was immer er bringt –. Sie lassen sich von ihm tragen. Dies bedeutet Freiheit von jedem Schicksal, vom guten wie vom schlechten; es bedeutet, in absoluter Harmonie mit der Schöpfung zu sein.

Erfolg ist vom Grad Ihres Bewusstseins, der Beherrschung Ihres Denkinstrumentes und dem Grad Ihres Glaubens abhängig. Hierzu einige weitere Hinweise, die Ihnen weiterhelfen können.

Wie Sie bewusster werden:

o Indem Sie erkennen, wer Sie wirklich sind
o Sie sind ein Schöpfer, kein Opfer
o Sie können *jederzeit alle* Lebensumstände frei bestimmen
o Sie können sich für Gesundheit entscheiden
o Sie können Ihre Vergangenheit bereinigen
o Sie können *jetzt* Ihre Zukunft bestimmen und gestalten
o Sie bestimmen, wie erfolgreich Sie sind
o Wahrer Erfolg umfasst *alle* Bereiche des Lebens
o Erfolg ohne Erfüllung ist kein Erfolg
o Lernen Sie zuzuhören, und Sie werden bewusster
o Erleben Sie in Tiefenentspannung das ewige *ICH BIN*
o Erkennen Sie Ihr allumfassendes, grenzenloses Potential
o Wenden Sie sich Wesentlichem zu: Im Denken, Sagen, Lesen und auch in der leiblichen Ernährung

Wie Sie Ihr Bewusstsein erweitern:

o Konzentrieren Sie Ihr Bewusstsein auf einen Punkt
o Erweitern Sie Ihr Bewusstsein über Ihren Körper hinaus
o Erfüllen Sie Ihr Bewusstsein mit einer gewünschten Qualität (z.B. Klarheit, Heilung)
o Lassen Sie los, was nicht mehr zu Ihnen gehört
o Denken, fühlen, reden und handeln Sie als *SIE SELBST*
o Erleben Sie mental, wie Sie alles erreichen, was Sie denken und glauben
o Lernen Sie, alles und jederzeit wahrzunehmen
o Entwickeln Sie Charisma und Intuition
o Erkennen Sie sich als Naturtalent
o Erweitern Sie Ihre inneren Dimensionen
o Lassen Sie Heilung geschehen für Ihren Körper, Ihre Beziehungen, für Umstände und Situationen
o Lernen Sie die Wirklichkeit hinter dem Schein zu erkennen
o Treten Sie durch jede Tür in ein noch reicheres Leben

Wie Sie bewusst bleiben:

o Gehen Sie immer wieder in die Selbst-Identifikation
o Er-innern Sie sich immer wieder neu
o Denken, reden und fühlen Sie als *ICH BIN*
o Wachen Sie auf und schlafen Sie ein als *SIE SELBST*

- Erfüllen Sie jeden Raum mit Ihrem Bewusstsein
- Leben Sie aus der Intuition heraus, bleiben Sie ständig auf »Empfang«
- Senden Sie auch heilsame Signale aus
- Erkennen Sie jeden anderen ebenfalls als Teil des Einen Bewusstseins
- Leben Sie aus dem wahren Sein, dem Tao heraus
- Das bedeutet ein Leben als Meister zu leben, als göttliches Bewusstsein

Die innere Erfolgsformel

Nun ist klar geworden, dass Ihr derzeitiges Einkommen, der Stand Ihres Bankkontos, Ihr persönlicher Erfolg das Ergebnis einer oft unbewussten geistigen Formel ist, die in Ihrem Innern wirkt. Diese Formel ist das Ergebnis verschiedenster Konditionierungen.

Falls Ihnen die Ergebnisse Ihrer Formel nicht gefallen, sollten Sie sich daran machen, diese zu ändern. Wenn Sie sich mehr Erfolg und damit mehr Wohlstand wünschen, ist dies die klare Aufforderung, sich dafür resonanzfähig zu machen. Dabei ist zu beachten, dass Wissen allein noch nichts bewirkt. Ihr Wissen gestaltet und bestimmt *nicht* Ihr Leben – der Inhalt Ihres Denkens und Glaubens übernimmt diese Aufgabe!

Machen Sie sich deshalb die Erfolgs- und Wohlstandsformel in Ihrem Innern bewusst, so dass Sie die Teile davon eliminieren können, die Ihnen nicht mehr entsprechen. Sobald Sie Ihre neue, gültige Formel fertiggestellt haben, verankern Sie diese durch freudiges Bejahen.

Falls Sie es für unwahrscheinlich halten, auch in Ihrem Innern begrenzende Vorstellungen zu horten, machen Sie doch einmal die Probe aufs Exempel. Nehmen Sie ein Blatt und halten Sie auf dessen linker Seite Ihre Vorstellungen und Überzeugungen schriftlich fest. Anschließend werden Sie vermutlich überrascht feststellen, wie viele neue und optimale(-re) Vorstellungen Sie auf der rechten Seite aufschreiben können. Vielleicht merken Sie, dass auch Sie noch nicht das Beste aus sich und Ihrem Leben gemacht haben.

Ihr ausgefülltes Blatt könnte ähnlich wie
die nachfolgende Darstellung aussehen:

Man kann im Leben nicht alles erreichen.	Ich erreiche im Leben, was ich wirklich will.
Gute Freunde sind rar.	Ich bin mein bester Freund und habe wahre Freunde.

Nicht alle Wünsche werden wahr.	Jeder Wunsch, der mich weiterbringt, erfüllt sich.
Erfolgreich sein ist mühselig.	Erfolgreich sein ist beglückend.
Die Zeit läuft mir davon.	Ich habe genügend Zeit für alles.
Krankheiten sind unvermeidbar.	Harmonisches Bewusstsein hält mich gesund.
Mit Enttäuschungen muss man leben.	Ich selbst gestalte die Umstände.
Ab und zu läuft etwas schief.	Es geschieht das, was ich verursache.
Man kann nicht immer so, wie man will.	Was ich wirklich will, das kann ich auch.
Das Schicksal ist unerbittlich.	Ich selbst bestimme mein Schicksal.
Mit den Jahren wird Freude immer seltener.	Meine Freude wächst von Tag zu Tag.
Die Jugend geht viel zu schnell vorüber.	Ich bin so jung, wie ich mich fühle.

Zusätzlich zu Ihrer inneren Erfolgsformel ist es unterstützend, jede akzeptierte Erkenntnis sofort in eine imaginierte Affirmation umzusetzen und diese mit anderen akzeptierten Erkenntnissen zu einem stets aktualisierten »Affirmations-Film« zu verbinden. Diesen Film verketten Sie wiederum mit der Energie des erfüllten Wunsches und erleben ihn mental in Dankbarkeit und Freude als erreicht.

Wiederholen Sie das bildhafte Erleben des erfüllten Wunsches jedes Mal, wenn das Ziel ins Bewusstsein tritt, um die Energie zu verstärken.

Machen Sie sich Ihre neuen Überzeugungen immer wieder bewusst. Wiederholen Sie sie mehrmals täglich und mindestens einen Monat lang. Wenn sie nach dieser Zeitspanne noch nicht klar dominieren, üben Sie weiter.

Schaffen Sie sich auch dort positive Glaubenssätze, wo Sie vielleicht keine negativen Muster vorfinden. Arbeiten Sie mit Positivaffirmationen, z.B.:

○ Es gibt immer eine Lösung
○ Ich vermag die Aufgabe jetzt zu lösen
○ Ich bekomme immer rechtzeitig alles, was ich brauche
○ Ich erkenne und nutze meine Chancen
○ Erfolg zu haben ist gut

Überprüfen Sie immer wieder Ihre Glaubenssätze und erfinden Sie ständig weitere positive! Machen Sie das Erfinden von Positivaffirmationen zu einem Spiel.

Erkennen Sie, dass Sie in Wirklichkeit ein Gewinner sind. Doch das Leben kann Ihnen das erst dann zeigen, wenn Sie sich dessen bewusst sind und daran glauben. Schauen Sie sich einmal um und erkennen Sie, wie erfolgreich Sie bis jetzt schon gewesen sind, was Sie schon alles erreicht haben. Wie erfüllt Ihr Leben eigentlich schon ist!

Das Millionärs-Bewusstsein

Bevor man Millionär werden kann, muss man es *innerlich sein*. Das bedeutet, sich die Eigenschaften eines Millionärs durch stetes Üben konsequent anzueignen, sich im Alltag in jeder Situation als Millionär zu fühlen.

Die Eigenschaften eines Millionärs sind:
1. Selbst-Bewusstsein
Werden Sie sich Ihrer selbst bewusst – wer Sie sind, was Sie können, wollen und brauchen.
2. Wohlstands-Bewusstsein
Optimieren Sie Ihre Kernglaubenssätze, fühlen Sie sich wert, die Fülle als Ihr geistiges Erbe anzutreten.
3. Erfolgs-Bewusstsein
Lernen Sie, Ihr Leben mit Zielklarheit zu führen und

setzen Sie die Macht des unwiderruflichen Entschlusses ein.

4. Chancen-Bewusstsein

Sehen Sie in allem eine Chance, so dass Ihnen jeder Umstand, jede Situation hilft, noch erfolgreicher zu werden.

5. Gesundheits-Bewusstsein

Ihr Körper ist Ihr Freund. Achten Sie deshalb auf Ihre Atmung, eine gesunde Ernährung und ausreichend Bewegung.

6. Die innere Dimension

Erweitern Sie Ihre innere Dimension, indem Sie Verhinderndes und Trennendes auflösen.

7. Der Glaube

Ein starker und unerschütterlicher Glaube hilft Ihnen auf Ihrem Weg zum Ziel.

Ihre Zukunft liegt in Ihrer Hand! Ihr Leben ist eine Kopie Ihres Bewusstseins und Ihrer inneren Dimension. Es gibt keine Möglichkeit, mit einem Mangelbewusstsein im Wohlstand zu leben. Das eine schließt das andere absolut zuverlässig aus, aber ebenso zuverlässig zieht es das an, was es beinhaltet.

Machen Sie sich deshalb bewusst, dass Sie gekommen sind, um im Wohlstand zu leben. Dazu gehört, dass es in allen Bereichen Ihres Lebens wohl steht. Prüfen Sie deshalb jeden Bereich und beseitigen Sie die Mängel.

Zum wahren Wohlstand gehört: Gesundheit, ein glückliches Familienleben, gute Freunde, ein Beruf, der wirklich Be-rufung ist, Erfolg, genügend Geld und Zeit für die richtigen und wichtigen Dinge in Ihrem Leben, Humor, Freiheit (= Anerkennung des Göttlichen), schöne Erinnerungen, ein reiches inneres Erleben, Entspannung, Offenheit, Ehrlichkeit sich selbst und anderen gegenüber, Echtheit und Authentizität, die Fähigkeit, die Wirklichkeit hinter dem Schein zu erkennen.

Zu wahrem Wohlstand gehört auch, den Erfolg nicht um des Erfolgs willen haben zu wollen, sondern über den Erfolg Erfüllung zu erlangen. Erfolg bedeutet sehr viel mehr, als Geld und Besitz zu erlangen, überlegen zu sein und zu siegen. Erfolg ist etwas, das ganz von selbst erfolgt, wenn Sie vermögend werden. Und vermögend ist nicht jemand, der über viel Materielles verfügt, sondern jemand der viel vermag. Das erkennen Sie auch daran, dass es Menschen gibt, die viel haben, *wovon* sie leben können, aber nichts, *wofür* sie in Freude leben wollen.

Wenn Sie dafür sorgen, in diesem Sinne immer vermögender zu werden, wird Ihnen alles Gute, das zu Ihnen gehört, geschenkt werden. Falsch wäre es, dem Erfolg hinterherzulaufen, denn es heißt ja sinnigerweise *Erfolg*. Damit ist das gemeint, was *er-folgt*. Es ist nicht zu *er-zwingen* oder zu *er-kämpfen*. Was Sie aber dafür tun können, ist, in jeder Beziehung Erfolg zu erwarten und sich seiner wert zu fühlen. Machen Sie sich bewusst, dass dies eine schöne Welt ist, Ihnen zur Freude geschaffen. Erfolgreich sein können Sie nur dort, wo es Ihnen wirklich Spaß macht. Denn der Weg ist da, wo die Freude ist, und alles, was Sie gern tun, wird Ihnen niemals mühsam sein. Haben Sie also Erfolg durch Freude und genießen Sie diese Welt!

Der Schlüssel zum Erfolg liegt nicht in noch mehr Arbeit, sondern darin, sich genügend Zeit und Muße zu nehmen. Ausreichende Muße ist ein nicht zu unterschätzender Erfolgsfaktor. Erst wenn Sie sich öfters Zeit nehmen, Ihr Leben und die verschiedenen Bereiche zu überblicken, darüber nachzudenken, sie auch immer wieder optimieren, wird ein größerer Durchbruch zum eigentlichen Erfolg möglich. Erst dann beginnt die unermessliche kreative Kraftquelle Ihres Unterbewusstseins voll zu arbeiten und mit Ihnen zu kooperieren. Oft haben Sie gerade in Zeiten der Muße die besten Einfälle. Davon können Sie auch im Bereich Beruf und Arbeit enorm profitieren. Gestehen Sie sich selbst deshalb Zeit zu! Wenn das Sprichwort »Zeit ist Geld« richtig ist, dann zeigt die Haltung, sich selbst Muße zuzugestehen, sich selbst wertzuschätzen. Das Leben wird Sie gut dafür bezahlen, wenn Sie sich wert fühlen, sich selbst zu belohnen. Einfach so – weil Sie die Bereitschaft haben, sich weiterzuentwickeln, sich selbst und damit dem Ganzen zu dienen!

Der Sinn Ihres Lebens

Wir alle sind mit einer bestimmten Absicht gekommen – einer Absicht, die nach Erfüllung drängt. Doch diese Erfüllung können Sie nur dann finden, wenn Sie Ihre Lebensaufgabe erkennen, annehmen und erfüllen. Dazu ist die Beantwortung einiger Fragen nötig.

Selbsterkenntnis

Wissen Sie umfassend über sich selbst Bescheid? Kennen Sie Ihre Stärken, Ihre Schwächen, und haben Sie Ihre eigenen Belastungen hinter sich gelassen? Oft scheint es nämlich leichter zu sein, andere Menschen zu analysieren, ihnen hilfreiche Tipps und Tricks zur Bewältigung ihres Lebens anzubieten. Oft glaubt man genau zu wissen, was für andere das Beste wäre. Ob dies dann auch tatsächlich das Beste ist, sei dahingestellt. Richtiger ist es, zuerst sich selbst in den eigenen

Tiefen auszuloten, bevor man sich an die nächsten Mitmenschen heranwagt.

Merken Sie sich für eventuelle persönliche Beratungen einen äußerst wichtigen Leitsatz:

*Immer sollte die Entscheidungsfreiheit des Einzelnen gestärkt werden, und das Wichtigste dabei ist, ihn **in keiner Weise** zu beeinflussen!*

Stellen Sie sich daher vorerst Fragen, die Ihr eigenes Leben, Ihre eigene Erfüllung betreffen. Wenn Sie auf diese Fragen vollständig und tief greifend in sich die Antworten und die dazu passenden Lösungen gefunden haben, sind Sie einen großen Schritt weitergekommen.

Erkennen Sie?:

○ Auf welchen Platz das Leben Sie gestellt hat und weshalb

○ Weshalb Sie in unsere Zeit hineingeboren wurden

○ Warum Sie in diesem Land geboren wurden und hier leben

○ Warum Sie gerade in Ihre Familie mit dieser Konstellation hineingeboren wurden

○ Weshalb das Leben Sie mit Ihrem Partner, Ihren Kindern, Ihren Freunden zusammengeführt hat

○ Warum Ihre Lebensumstände jetzt gerade so sind

- In welche Krisen/Schwierigkeiten das Leben Sie geführt hat
- In welchen Bereichen Ihnen das Leben Lektionen in Form von Leid, Krankheit, Schicksalsschlägen erteilt
- Worin das eigentliche Problem besteht, was der Sinn dessen ist, was damit bewirkt werden will
- Welche Erkenntnisse Sie daraus gewonnen, welche Konsequenzen Sie daraus gezogen haben und ob Sie es überhaupt getan haben
- Wie Sie den Augenblick sinnvoll erfüllen können zur Bewältigung Ihrer Vergangenheit, zur optimalen Gestaltung Ihrer Gegenwart, und um in der Zukunft Ihre gewünschten Ziele zu erreichen
- Welche Rolle Sie im Leben gerne spielen würden, welches Ihr Wunschtraum ist und in welcher Situation Sie sich am wohlsten fühlen würden
- Was zu tun ist, um Ihr Leben zu einem Meisterwerk werden zu lassen
- Was Sie daran hindert, die ersten Schritte und danach die weiteren in diese Richtung zu tun

Die ehrliche Bearbeitung dieser Fragen kann Sie in Ihrer Entwicklung weiterbringen. Sie müssen sich bewusst sein, dass Sie sich immer nur auf ein Ziel hinentwickeln können. Beim Problem ist es die Lösung desselben, beim Wunsch ist es die Erfüllung und beim Leben ist es der Sinn!

Der Mensch ist keine Insel

Sie sind ein Teil von allem. Dagegen können Sie nichts tun. Allein der Umstand, dass Sie leben, widerspiegelt diese Tatsache. Auch Sie sind eingebunden in den Rhythmus von Geben und Nehmen. Denken Sie nur an eine der wichtigsten körperlichen Abläufe: Die Atemfunktion. Das Ein- und Ausatmen geschieht meist ganz automatisch. Es bringt Sie unweigerlich in Kontakt mit der Außenwelt, um Sie danach wieder in Ihr eigenes Inneres zurückzuführen. Auch in anderen Bereichen des Lebens sollte es so sein. Nehmen Sie teil an der Außenwelt, seien Sie aufgeschlossen und interessiert, denn es gibt so vieles, das Ihnen weiterhelfen und Anregung sein kann.

Wir alle sind dazu aufgerufen, einen wichtigen Beitrag zu leisten. Unser Grundbedürfnis ist es, unser eigenes Leben zu genießen, Erfüllung zu finden, anderen Menschen und diesem Planeten Gutes zu tun. Je müheloser und natürlicher Ihnen das Materialisieren von Dingen und Manifestieren von Umständen gelingt, desto sicherer können Sie sein, dass Sie sich auf dem richtigen Weg befinden.

Ihre wahre Be-rufung

Umfassende Erfüllung ist aber nur dann möglich, wenn Sie Ihre wahre Berufung erkannt haben und diese auch erfüllen. Ein Beruf sollte das sein, *wofür* und nicht wovon man lebt. Wer sagt denn, dass Sie Ihr Geld »verdienen« müssen oder schlimmstenfalls sogar »im Schweiße Ihres Angesichts«? Es ist möglich, sein Geld »zu suchen« oder »zu gewinnen«, wie das in anderen Sprachen auch so ausgedrückt wird. Bloß im deutschsprachigen Raum muss man sich sein Geld verdienen.

Es ist ein nicht zu unterschätzendes Erfolgshindernis, sich von morgens bis abends abzurackern. Dies hat nichts mehr mit einem gesunden Arbeitsverhalten zu tun. Menschen, die sich so verhalten, können nicht erfolgreich sein.

Sich abzurackern ist übertriebenes Arbeiten ohne Freude, dafür mit viel Stress. Niemand kann in seinem Beruf erfolgreich sein, wenn er seine Arbeit nicht liebt. Beruf und Be-rufung sollten identisch sein, der Selbstverwirklichung dienen und der Allgemeinheit nützen.

Wenn Ihnen Ihre Tätigkeit keinen Spaß macht, läuft noch einiges falsch. Dieses »Falsche« sollten Sie ändern! Es bedeutet aber nicht, sofort alles fallen zu lassen und nur noch das zu tun, wozu Sie momentane Lust verspüren. Prüfen Sie vielmehr, was Ihnen in Ihrem

Leben »Kampf und Krampf« bedeutet und was Sie an Stelle dessen viel lieber täten.

Der erste Schritt zu einem erfolgreichen Berufsverhalten heißt, das in Besitz zu nehmen und sinnvoll einzusetzen, was Sie schon erreicht haben. Dies geschieht, indem Sie sich fragen, was Sie besonders gut können, über welche Talente, Fähigkeiten und Kräfte Sie verfügen. Wo Ihre Gaben liegen, da liegen auch Ihre Aufgaben.

Was macht Ihnen besonders viel Freude, begeistert Sie restlos, so dass Sie sich am liebsten den ganzen Tag damit beschäftigen möchten? Welches sind Ihre Hobbies und Ihre geheimen beruflichen Wünsche? Und genau im Bereich Ihrer Lieblingsbeschäftigung sollten Sie den Ehrgeiz entwickeln, der/die Beste zu werden.

Überlegen Sie sich auch, welche Zusatzausbildung Sie zu Ihrer Grundausbildung noch absolvieren müssten, um Ihrer Lieblingsbeschäftigung nachzugehen, und von welchen begrenzenden Vorstellungen Sie sich dabei lösen müssten. Dies ist im Sinne von »Was sollte ich noch lernen, was verlernen?« gemeint.

Lassen Sie sich Zeit, um Ihr Leben gründlich umzustellen, um sich die Möglichkeit einer erfüllenden Tätigkeit zu er-schaffen.

Welche Chancen bietet Ihnen das Leben im Moment, um das zu tun, was Sie sich wünschen, und welche Konsequenzen ergeben sich daraus? Wenn Sie an

Ihrem jetzigen Platz bleiben wollen, nehmen Sie jede Chance wahr, diesen noch besser und erfolgsbringender zu gestalten.

In Wirklichkeit ist auch jede Schwierigkeit eine verkleidete Möglichkeit, eine neue Chance. Wenn Sie damit beginnen, Ihr Bewusstsein nicht mehr auf die ungeheuren Schwierigkeiten zu richten, sondern darauf, was sich in diesem Moment für gute und andere Möglichkeiten ergeben, schaffen Sie sich Ihr »Chancen-« und »Möglichkeitsbewusstsein«. In diesem Bewusstsein fällt es Ihnen entschieden leichter zu erkennen, dass in *allem immer* eine Chance steckt. Bis jetzt ist Ihnen das bloß verborgen geblieben. Solange Sie Ihren Blick auf den Mangel gerichtet hielten, haben Sie Frustration und Aggression verspürt, weil Sie nicht so konnten, wie Sie eigentlich wollten.

Richten Sie deshalb Ihren Blick konsequent auf die Möglichkeiten, die Ihnen das Leben in diesem Augenblick bietet, denn Glück ist nicht Glückssache, sondern die logische Folge von Hören, Denken, Reden und Erkennen von Möglichkeiten mit anschließendem Handeln, dem Nutzen dieser Möglichkeiten.

Entdecken Sie Ihren Arbeitsplatz als »Abenteuer-Spielplatz« und Ort der Selbstverwirklichung.

Dieser Ort, an dem Sie sich täglich stundenlang aufhalten, sollten Sie dann nach der Optimierung des Was und des Wie auch optisch mit einer lebensfrohen At-

mosphäre ausstatten. Bringen Sie auch in Ihren Berufs-
alltag Originalität und Stil mit ein.

Erwarten Sie zudem im Privaten sowie im Geschäft-
lichen nie, dass andere zuerst freundlich und aufgeschlossen auf Sie zugehen, sondern machen Sie den
ersten Schritt. Seien Sie freundlich und aufmerksam,
weil Sie sich damit wohler fühlen. Weisen Sie Ihren
kultivierten Lebensstil vor!

Gehen Sie auch die nachfolgende Aufstellung durch,
und werten Sie sie nach Ihrem Maßstab und Ihren Be-
dürfnissen aus.

Fragen Sie sich:
1. Was kann ich besonders gut?
Welche Fähigkeiten, Talente und Kräfte habe ich?

Wo meine Gaben liegen, liegen meine Aufgaben!
2. Was macht mir besondere Freude?
Was sind meine Hobbies, meine Wünsche?
Was möchte ich den ganzen Tag tun?
Was begeistert mich so richtig?
Was würde ich tun, wenn ich jeden Monat eine Rente
bekäme und Geldverdienen keine Rolle mehr spielte?
3. Welche Ausbildung habe ich?
Welche Ausbildung sollte ich noch haben?
In welche Krisen, Schwierigkeiten, Lektionen hat mich
das Leben geführt?

Von welchen begrenzenden Vorstellungen sollte ich mich lösen?

4. Welche Chancen bietet mir das Leben, das zu tun?
Bisher?

In diesem Augenblick?

In Zukunft?

5. Auf welchen Platz hat mich das Leben gestellt?
Wie kann ich diesen Platz noch besser ausfüllen?

Was sollte ich lernen / verlernen?

6. Was würde ich anders machen, wenn ich mein Leben nochmals von vorne beginnen könnte?

7. Was wäre mein Wunschtraum?
Wie sieht mein erwünschter »Endzustand« aus?

Wie sieht meine »Wunschbiographie« aus?

Wie sieht mein Leben als Meisterwerk, als Kunstwerk aus?

8. Welche Konsequenzen ergeben sich daraus?
Was würde ich unter diesen Umständen meinem besten Freund raten?

9. Was hindert mich eigentlich noch, genau das zu tun?

Wann bin ich bereit, das Not-wendige zu tun?

Warten Sie nicht mehr, sondern machen Sie sich auch in beruflicher Hinsicht zum »König Ihres Lebens«, indem Sie darin die Hauptrolle spielen.

Eine gute Idee

Was Sie bestimmt immer brauchen können, ist eine gute Idee. Es ist möglich, gute Ideen aus sich selbst heraus zu schöpfen, indem Sie sich in Harmonie bringen, beziehungsweise holistisches Denken anwenden, Ihren Kreativitätsquotienten steigern, lernen, Ihr Denkinstrument beherrschen oder Ihre Wahrnehmung erweitern. Mit der erweiterten Wahrnehmung, der Intuition (= Anschluss an das Informationsfeld des Allbewusstseins), stehen Ihnen schon viele Möglichkeiten offen, um an außergewöhnliche Ideen zu gelangen, die Sie dann erfolgreich umsetzen können.

Ebenfalls sinnvoll ist es zu überprüfen, ob sich erfolgreiche Ideen aus anderen Ländern nicht auch bei uns erfolgreich verwirklichen lassen würden.

Statt auf den Lottogewinn zu hoffen, der vermutlich nie eintrifft, wäre es zuverlässiger, sein Glück und seinen Wohlstand selbst in die Hand zu nehmen und damit etwas anzufangen. Beachten Sie dabei, dass Ihre Tätigkeit immer auch zu Ihrem Wachstum und zur Steigerung Ihrer Lebensqualität beitragen sollte!

Erfolg und Intuition

Seien Sie sich darüber im Klaren, dass Intuition etwas sehr Wichtiges ist. Intuition wird in Verbindung gebracht mit: Sensibilität, Einfühlungsvermögen, Ahnung, unbewusste Wahrnehmung, Vorauswissen, Idee, Inspiration, Ein-gebung.

Sicher sein, dass es sich auch wirklich um Intuition gehandelt hat, können Sie erst nach einer gewissen Zeitspanne. Denn erst dann stellt sich heraus, ob die Information tatsächlich aus dem Bereich des All-Wissens empfangen worden ist, oder ob es sich bloß um allzu menschliches Wunschdenken, Geneigtsein, Ängste oder ähnliches gehandelt hat.

Leider sind einige Sinne des heutigen Menschen durch unsere Art zu leben arg verkümmert. Die sinnliche Wahrnehmung dient fast ausschließlich dem intellektuellen Erfassen.

Glücklicherweise ist es jedoch möglich, jeden Sinn neu zu wecken, zu schulen und zu nutzen. Sobald Sie in einem Bereich geübt sind, kann Ihr Bewusstsein durch Wahrnehmung von diesem bestimmten Bereich profitieren.

Wenn Sie erkennen, dass es andere, umfassendere Möglichkeiten zur Erkennung der Wirklichkeit gibt, als die logische Methode des Verstandes, haben Sie einen großen Schritt Richtung Geistes-Gegenwart gewagt. Und das ist etwas, das Sie auf dem Weg zu Erfolg und Wohlstand in Hülle und Fülle brauchen können!

Die Psycho-Vision

Lernen Sie Ihre persönliche Vision, das Beste in sich, das Gemeinte zu finden, und Sie werden von diesem Moment an auch die Vision des Augenblicks erkennen.

Viele Menschen verstehen es zu träumen, aber nur wenige verstehen wirklich zu leben. Statt sie selbst zu sein, wollen sie etwas werden. Es sollte stets Ihr höchstes Ziel sein, sich selbst, Ihr wahres Selbst zu entfalten.

Fast alle Menschen neigen dazu, die äußere Form zu ändern. Sie wechseln den Arbeitsplatz, den Partner oder die Lebenssituation und meinen, damit das Wesentliche zu erreichen, Lebensfreude und Erfüllung zu finden. Doch schon bald müssen sie den Irrtum erkennen, denn gemäß der inneren Entsprechung – die dieselbe, unveränderte ist – befinden sie sich nach kurzer Zeit wieder in der gleichen Situation wie zuvor.

Die Wirklichkeit beginnt in umgekehrter Richtung. Die individuelle Vision ist der Ausgangspunkt der persönlichen Wirklichkeit. Je nach Klarheit und Verinnerlichung Ihrer Vision gestalten sich Ihre Beziehungen und Ihre Lebenssituation.

Den Begriff *Vision* definieren Lexika auch als *Urbild* und *göttliche Offenbarung.* Diese beiden Definitionen bezeichnen treffend die wahre Ursache aller Dinge: Die geistige Vision, aus der etwas erschaffen wird. Das geistige Urbild oder die Idee, die ein Mensch als schöpferische Offenbarung erfährt, enthält bereits Funktionstüchtigkeit. Das ist die wahre Ursache aller später mit unseren Sinnen erfassbaren Phänomene, während die intellektuellen Erklärungen unseres begrenzten Verstandes nur die wiederholbaren Wirkungen beschreiben, nicht aber die wahre Ursache.

Vision ist *nicht* Wunsch, Absicht oder Wille, *sondern* Vorbild, Sinn und Erfüllung!

Visionäres Denken ist energetisches Denken. Energien fließen immer nur in eine Richtung. Entweder von A nach B oder von B nach A. Stellen Sie sich ein zwei Meter langes, schmales, mit Wasser gefülltes Gefäß vor, das auf einer geraden Ebene steht. Das Wasser ist gleichmäßig in diesem Gefäß verteilt und steht still.

WasserWasserWasserWasserWasserWasser

A   B

Sie können dieses Gefäß an einer Seite anheben und damit das Wasser bewegen. Die Richtung, in die es fließt, bestimmen Sie, indem Sie entscheiden, an welchem Punkt Sie das Gefäß anheben.

WasserWasserWasserWasserWasserWasser

A   **B**

So können Sie z.B. die Seite B anheben, damit das Wasser in Richtung A fließt. Oder Sie wählen den Vorgang umgekehrt. Aber immer haben *Sie* die freie Wahl, in welche Richtung Sie das Wasser zum Fließen bringen wollen.

Dieses einfache Beispiel soll Ihnen zeigen, dass *immer Sie* darüber entscheiden, welche Richtung verfolgt wird. Das gilt auch für Ihr Leben, für Ihre Erwartungen, Ihre Erfahrungen und für Ihren Erfolg.

Psycho-Vision ist die innere Schau der Wirklichkeit, das intuitive Erleben der göttlichen Idee von sich selbst. Sie ist ein Bewusstseinszustand, eine ständige Schau der Wahrheit und Wirklichkeit hinter dem Schein. Sie bedeutet, Beobachter, Zeuge des Lebens zu sein, sich selbst zu erkennen als Puzzleteil mit bestimmten Eigenschaften, Fähigkeiten und Möglichkeiten im universellen Ganzen. Sie bedeutet zu erkennen, wo sich Ihr ureigenster Platz in der Schöpfung befindet, ihn einzunehmen, um dort zu tun, was Sie zu tun haben. Damit Sie die Einmaligkeit Ihres Seins so zu leben vermögen, wie es von der Schöpfung gemeint ist – zu Ihrem Wohl und zum Wohl des Ganzen.

Ihre persönliche Psycho-Vision, die Sie in der Zukunft ganz erfüllt haben werden, bestimmt also in der Gegenwart Ihr Verhalten und verursacht damit die Umstände, die erforderlich sind, um Ihre Vision in der Zukunft optimal zu erfüllen. Und indem Sie Ihre individuelle Vision erfüllen, werden Sie der, der Sie schon immer waren und immer sein werden – *Sie selbst!* Start und Ziel sind identisch – das ICH BIN!

Um in jedem Augenblick stimmig zu leben, ist eine ständige meditative Innenschau unabdingbar und die Bereitschaft, das so Erkannte auch praktisch zu leben. *Es bedeutet zu leben in ständiger Verbindung mit dem Leben.*

Leben in der Einheit mit dem Leben, im Zwiegespräch mit dem *Ich bin.* Das ist gelebte Weisheit, die ideale Verbindung von Meditation und Alltag.

Wenn Sie so Ihren Platz gefunden, erkannt, ihn eingenommen haben, wird es Ihnen auch gelingen, die *Vision des Augenblicks* zu leben. Damit führen Sie ein bewusstes Leben nach Ihrer Vision, sind auch in jedem Augenblick das ICH BIN und leben in der Freude – IHR LEBEN!

Zielklarheit

Mit dem Thema Zielklarheit wollen wir uns eingehend befassen, da es im Wohlstandsbewusstsein eine große Rolle spielt.

Bevor Sie ein Ziel erreichen können, müssen Sie eins haben und exakt definieren, was Sie wirklich wollen. Bestimmen Sie genau den gewünschten Endzustand. Viele Menschen erreichen nur deshalb keine großartigen Ziele, weil sie sich gar keine setzen.

Es gibt auch Menschen, die verfolgen hartnäckig den Weg, den sie gewählt haben, merken dabei aber gar nicht, dass sie das Ziel schon längst verloren haben. Sorgen Sie deshalb dafür, dass durch Zielklarheit die Weichen richtig gestellt werden, und bleiben Sie dann mental voller Begeisterung bei Ihrem Ziel.

Die Zielklarheit bezieht sich nicht nur auf einzelne Lebensziele, sondern auch und im besonderen auf das Leben selbst. Leider wird kaum ein Erfolgsgesetz so häufig verletzt wie das der Zielklarheit. Loszumarschieren, ohne zu wissen wohin, Energien einzusetzen, ohne zu wissen wofür, ist doch eigentlich ein ziemlicher Unsinn.

Der sehr erfolgreiche Golfer Jack Niclaus hat in seinem Buch beschrieben, wie er seinen Erfolg erreicht hat. Er schreibt: »Zuerst sehe ich den genauen Ort, wo ich den Ball hinbefördern will.« In diesem Satz liegt schon der Schlüssel für den Erfolg, nämlich vom Ziel aus zu denken. Haben Sie erst einmal ein klares Ziel, ergibt sich der Weg Schritt für Schritt.

Haben Sie sich also ein Ziel gesetzt, werden Sie dieses umso eher und sicherer erreichen, je mehr Sie mit Ihrem ganzen Denken und Fühlen auf dieses Ziel eingestellt sind. Das bewirkt, dass Sie jede Möglichkeit, die sich Ihnen auf Ihrem Weg zum Ziel anbietet, als solche erkennen, sie ergreifen und zu nutzen wissen. Zusätzlich werden Sie viel leichter als andere die Fähigkeit entwickeln, in jeder Situation richtig und Ihrem Ziel entsprechend zu handeln. Nach dem Motto: Wer sein Ziel klar vor Augen hat, findet selbst im Dunkeln einen Weg.

Sind Sie in vollem Umfang mit dieser zielgerichteten Einstellung erfüllt, sozusagen ein Wille geworden in Richtung Ziel, sinkt dieser Wille auch ins Unbewusste, wird instinktiv, automatisiert. Das wiederum bewirkt, dass Sie sich dauernd instinktiv so verhalten, wie es für die Zielerreichung am optimalsten ist. Das kann so weit reichen, dass selbst die feinsten Ebenen Ihres Seins davon berührt werden und sich Ihr ganzes Wesen verändert. Das Ziel äußert sich dann nicht nur im Denken und Handeln, sondern auch im Spiel Ihrer Mimik, Ihren Gesten und Gebärden und in Ihrer Sprache.

Dieses instinktive Verhalten arbeitet nun selbsttätig fortwährend an der Zielerreichung und das in einer Vielfältigkeit, die das Bewusstsein nicht mehr zu überschauen vermag. Es überkommt Sie dann vermutlich das Gefühl, als ob Ihr Ziel mit magischen Fäden zu Ihnen hergezogen würde.

Der Prozess wird zusätzlich dadurch unterstützt, dass Sie in Ihrer zielgerichteten Art in jedem Menschen, dem Sie begegnen, einen Verbündeten haben werden. Dies ist so, weil der andere durch Ihre Sicherheit und Ausstrahlung völlig davon überzeugt ist, dass Sie Ihr Ziel schon erreicht haben. Die anderen wissen, dass mit Ihnen 100%ig zu rechnen ist, und Sie von nichts und niemandem aufgehalten werden. Dadurch arbeiten diese Menschen unbewusst an der Erreichung Ihres Zieles mit. Je mehr diese Fremdmeinung an Volumen zunimmt, desto mehr wird Ihnen auch alle Hilfe, die Sie brauchen, von außen zuteil.

Das ist die seltsame Magie des Wollens, die Ihnen aber nur dann zufällt, wenn Sie auf die richtige Weise wollen. Es entsteht dabei der Eindruck, als ob das Gewollte von selbst zu Ihnen kommt.

Damit Sie auf die richtige Fährte des richtigen Wollens, der richtigen Zielsetzung gelangen, kommen Sie nicht umhin, sich einige Fragen zu stellen.

Finden Sie Ihre Motivation

Was Sie brauchen, ist eine echte Motivation! Wer wirklich ein Motiv hat, wird sein Ziel auch mit größter Wahrscheinlichkeit erreichen. Ein Hungernder hat ein starkes Motiv und wird alles daran setzen, etwas Essbares aufzutreiben, um seinen Hunger zu stillen. Dabei erfährt er eine doppelte Belohnung. Erstens wird sein Bedürfnis befriedigt, also sein Hunger gestillt, und zweitens wird seine Bemühung von Erfolg gekrönt. Damit sind wir auch schon bei der schönsten Motivation – beim Erfolg.

Nichts ist so erfolgreich wie der Erfolg selbst, denn jeder Erfolg spornt zu neuen Erfolgen an!

Als Gegenpol dazu können wir im Leben immer wieder erkennen, dass nichts so sehr entmutigt und frustriert wie Misserfolge oder Bestrafungen.

Liegt ein Ziel in zu weiter Ferne, als dass eine Motivation wirklich greifen könnte, dann wandeln Sie das Fernziel in viele Nahziele um. Setzen Sie sich einen Endtermin und teilen Sie die Zeit bis dahin in Tages-, Wochen- und Monatsziele ein, die für Sie erreichbar sind. Halten Sie diese Ziele unbedingt ein, damit Sie der Erfolg weiter motiviert.

Setzen Sie sich die richtigen Ziele

1. Ist das gewählte Ziel für mich richtig?
   a) Will ich es wirklich?
   b) Stimmt es für mein Leben?

Versuchen Sie sich darüber klar zu werden, was Ihre tiefsten, ureigensten Wünsche sind. Was für Sie Selbst-Verwirklichung und Erfüllung bedeuten. Finden Sie heraus, was in Ihrem Leben bis jetzt entgegen der Erfüllung dieser Wünsche gelaufen ist.

Gemäß der Anwendung Ihrer Psycho-Vision erfahren Sie, ob das Ziel, das Sie anstreben, für Ihr Leben auch richtig und gemeint ist. Es hat wenig Sinn zu versuchen, sich für ein Ziel zu begeistern, weil der Nachbar oder ein Arbeitskollege davon begeistert ist. Das Wesentliche besteht darin, sich darüber klar zu werden, was der Sinn *Ihres* Lebens beinhaltet, wo *Ihr* wahrer Platz in dieser Welt ist, welche Essenz *Ihre* wahre Be-rufung enthält, wie *Sie* gemeint sind.

2. Welches Ziel habe ich wirklich?
   a) Tagesziel
   b) Teilziel
   c) Endziel

Wenn Sie Ihr Endziel fixiert haben, setzen Sie Ihre Teilziele, Ihr Tagesziel und die richtigen Prioritäten. Richtig gesetzte Prioritäten lenken wiederum die Dinge auf den richtigen Weg. Vom erfüllten Tagesziel aus werden Sie sich kontinuierlich zum Teilziel hinbewegen. Und vom Teilziel oder von den Teilzielen aus wird Ihr Endziel in immer greifbarere Nähe rücken.

3. Welche Konsequenzen ergeben sich?
a) Was muss ich ändern?
b) Was muss ich beschaffen?
c) Was muss ich lernen?

Nach Ihrer Psycho-Vision werden Sie erkennen, dass es Ihnen unmöglich sein wird, gewisse Dinge in Ihrem Leben so zu belassen, wie sie vielleicht über Jahre oder Jahrzehnte gewesen sind. Je nachdem wie nah oder wie weit entfernt Sie bis jetzt von Ihrem wahren Selbst gelebt haben, werden sich Ihr Leben, Ihre Partnerschaft, Ihre Freundschaften, Ihr Arbeitsbereich und Ihre Gesundheit verändern.

Sie werden nun plötzlich die Hindernisse zu einem Leben in Freude und Wohlstand als solche erkennen, auch wenn sie Ihnen bis jetzt überhaupt nicht aufgefallen sind. Wenn Sie bei sich selbst bleiben wollen, gibt es keinen anderen Weg, als völlig authentisch und verantwortungsvoll alles in die richtigen Bahnen zu lenken. Lassen Sie los, was nicht mehr zu Ihnen gehört, und sagen Sie dort nein, wo Sie fühlen, dass etwas nicht Ihrer inneren Wahrheit entspricht.

4. Welche Schritte führen zum Ziel?
   a) Was sind die Prioritäten?
   b) Welches ist der richtige Zeitplan?

Wenn Sie sie selbst sind, setzen Sie automatisch die richtigen Prioritäten und ziehen die Dinge und Menschen an, die zu Ihnen gehören. Auf diese Weise gehen Sie ohne Ballast frei durchs Leben, erfüllen Ihr Sein mit wahren Werten und dienen dem Ganzen, was zur Folge hat, dass auch Sie vom Ganzen reich beschenkt werden. Ein Mensch, der gelernt hat, *sein* Leben zu leben, der wird auch *seinen* Zeitplan in den Griff bekommen und vielfache Unterstützung erhalten.

Behalten Sie Ihr Ziel im Auge

Machen Sie sich klar, dass es eine Weile dauern wird, bis der Umbruch vollzogen, das Neue in Ihr Leben getreten ist, wenn Sie unwiderruflich beschließen, ab jetzt verantwortungsvoll und Ihr Sein auf einem höheren Niveau als zuvor zu gestalten und zu genießen. Es ändert sich nicht alles von einem Tag auf den anderen.

Wenn es so wäre, würden Sie sich damit restlos überfordert fühlen. Ihr ganzes Energiefeld muss sich schrittweise, sachte und von Ihnen oft unbemerkt von den alten, überholten Mustern ablösen, die neuen in sich aufnehmen und sich mit ihnen vertraut machen. Ohne diese angemessene Vorbereitung befände sich das, was Sie erhalten, in einer anderen, höheren Schwingung als Sie selbst, was erstens eine Disharmonie darstellen würde, und zweitens von den geistigen Gesetzen her gar nicht gemeint ist.

Es ist sehr wichtig, diese Aspekte zu berücksichtigen und beharrlich Ihren Zielen treu zu bleiben, indem Sie genügend Zeit, Energie und Intensität darin investieren. Ohne das Wissen um diese Dinge und deren konsequente Berücksichtigung würden Sie den Glauben in Ihre Sache verlieren. Und das ist das letzte, was wir anstreben!

In anderen Worten ausgedrückt, könnte man auch sagen, dass es in jedem Moment unseres Lebens einen optimalen Schritt auf dem Weg vorwärts gibt, aber unendlich viele »Freiheiten«, vom Weg abzuweichen.

Als Erinnerungshilfe könnte Ihnen ein Teil der Kindergeschichte von »Alice im Wunderland« dienen:

Einmal hatte sich Alice vollkommen verlaufen und wusste nicht mehr, wohin sie nun gehen sollte. Deshalb fragte sie die Edamer-Mieze um Rat, welche auf einem Baum auf einem viel zu dünnen Ast saß. »Würdest du

mir bitte sagen, wie ich von hier aus weitergehen soll?«
fragte Alice. Die Katze sagte daraufhin: »Das hängt
zum großen Teil davon ab, wohin du eigentlich möch-
test.« »Ach, wohin spielt eigentlich keine so große
Rolle, solange ich nur irgendwo ankomme« entgegne-
te Alice. Daraufhin antwortete ihr die Katze hämisch:
»Irgendwo wirst du bestimmt ankommen, aber in diesem Fall ist es völlig egal, wie du weitergehst!«

Seien Sie daher jederzeit wach und bewusst, damit
Sie sich anders verhalten, als »Alice im Wunderland«.
Denn nun kennen Sie die notwendigen Gesetze und
können sich danach richten, wenn es Ihr Wunsch ist,
ein erfülltes Leben zu leben. Bleiben Sie beharrlich auf
Ihrem Weg und behalten Sie Ihr Ziel im Auge, auch
wenn sich das Erhoffte nicht sofort und schon heute
einstellt! Jede vertrauensvolle Bejahung, jede bejahte
Fülle beginnt uns schon bald zuzufließen. Vielleicht zuerst nur tropfenweise, doch schon morgen in einem
immer mächtigeren Strom.

Die Wirkkraft des Glaubens

Was immer Sie glauben, ist geistig bereits Wirklichkeit. Der Glaube lässt die schöpferische Kraft tätig werden, und das Geglaubte wird manifestiert als Ereignis, Umstand usw. auf der materiellen Ebene.

Auch wenn die Macht des Glaubens jederzeit bereit ist, für uns tätig zu werden, gibt es immer mehr Menschen, die nicht mehr glauben können. Das Schlimme an der Situation ist, dass glauben schwer, doch nicht glauben unmöglich ist. In anderen Worten ausgedrückt: Sie glauben immer an etwas, fatalerweise aber meist an das Schlechte. Vielleicht fehlt Ihnen das Urvertrauen, fühlen Sie sich nicht eingebettet in die Harmonie und Ordnung der Schöpfung.

Der erste Schritt, wieder an das Gute glauben zu lernen, wieder ganz bewusst ein Teil der allumfassenden Ordnung zu werden, besteht darin, seine eigenen Angelegenheiten, sich selbst in Ordnung zu bringen und zu halten, denn ein wichtiger Schritt zum Erfolg ist der Glaube an sich selbst und an den eigenen Erfolg. Dieser Glaube ist das Erinnern an die eigene wahre Natur des Menschen. Wir glauben zu sehr an den praktischen Wert des Wissens und wissen zu wenig vom praktischen Wert des Glaubens.

Beginnen Sie mit ganz kleinen Schritten, indem Sie sich bewusst machen, was Sie an Gutem gerade noch glauben können. Durch gläubiges Bejahen setzen Sie die Ursache für die Verwirklichung und haben damit ein Glaubenserfolgserlebnis. Viele kleinere und danach auch größere solcher Erfolgserlebnisse führen zur Glaubenserfahrung.

Trainieren Sie Ihren Glauben wie einen Muskel und geben Sie so dem Glauben Gelegenheit, sich in Ihnen auszubreiten. Lernen Sie auch in der Meditation, Ihren Glauben zu erfühlen. Nehmen Sie sich nicht zu viel auf einmal vor, sondern bauen Sie sich Schritt für Schritt auf. Damit lernen Sie auch immer mehr an sich selbst zu glauben. Sie sind ein Teil der stärksten Kraft des Universums! Wenn nicht Sie, wer sonst? Wenn nicht jetzt, wann dann?

Ihre Wünsche zeigen Ihnen Ihr Ziel,
Ihr Glaube zeigt Ihnen Ihren Weg!

Helfen Sie sich selbst bewusst zu werden, indem Sie sich auch die folgenden Fragen stellen:
o Wie oft erlebe ich »günstige Zufälle«
o Beachte ich die Zeitqualität

- Kann ich gut mit Zeit umgehen
- Tue ich das, was ich als richtig erkannt habe
- Nutze ich die Kraft der Imagination
- Habe ich »das Feuer der Begeisterung« entfacht
- Habe ich Charisma
- Kenne ich den Sinn meines Lebens
- Folge ich meiner wahren Berufung
- Habe ich meine Vision gefunden
- Lebe ich bewusst als *ich selbst*
- Erlebe ich das Leben als Spiel
- Wie oft erlebe ich erfüllte Augenblicke
- Habe ich meine Mitte gefunden
- Wie achtsam gehe ich durchs Leben
- Wie gesund bin ich
- Lebe ich in einer erfüllenden Partnerschaft
- Lebe ich ein erfülltes Leben
- Wieweit lebe ich im TAO
- Bin ich: Zuschauer, Verlierer oder Gewinner

?

Der Glaube ist die Grundlage aller so genannten Wunder und Geheimnisse, die die wissenschaftliche Logik nicht erklären kann. Lernen wir das Rechte, das Gute zu glauben, weil der Glaube das zuverlässigste Mittel gegen Misserfolg ist. Über die Macht des Glaubens haben zwar schon viele gelacht, doch sind es nicht die Erfolgreichen, die lachen.

Glaube ist eine höchst intelligente Sache, denn im Glauben liegt die Bereitschaft, die Unbegrenztheit des menschlichen Geistes anzuerkennen. Dazu gehört auch ein unerschütterlicher Glaube an sich selbst und daran, dass Sie es wert sind, erfolgreich zu sein. Bereit zu sein, diesen Erfolg anzunehmen und fest daran zu glauben, ist eine wichtige Voraussetzung für eben diesen Erfolg.

Wer nicht an Erfolg glaubt,
wird nie Erfolg haben!

Erkennen Sie, dass Sie Ihre Entscheidungen spontan nach den inneren Überzeugungsmustern, nach den Glaubenssätzen treffen, die in Ihrem Bewusstsein und Unterbewusstsein gespeichert sind. Auch dann, wenn diese gleichzeitig Beschränkungen und Grenzen, also innere Widerstände beinhalten, die sich Ihrer Selbstverwirklichung in den Weg stellen.

Diese Erkenntnis wirft Sie immer wieder auf sich selbst und auf Ihre Eigenverantwortlichkeit zurück, ob Sie sich darüber freuen oder nicht. Doch wenn Sie diese Vorgänge bis zum letzten Punkt in Ihrem Geiste durchgegangen sind, wird es Sie vermutlich eher beruhigen denn aufbringen, wenn Sie feststellen, dass *Sie* es sind und niemand anderer, der die Fäden und Möglichkeiten in der Hand hält.

Aber selbst beim festesten Glauben ist es wichtig, darauf zu achten, die Erfüllung in der Gegenwart zu halten. Denn erst wenn Sie sich *jetzt* mit dem Gedanken der Verwirklichung erfüllen, ist der Weg für die schöpferische Urkraft frei, und Sie können Erfüllung wirklich erfahren.

Dies ist auch der Sinn des Dankens. Danken Sie dafür, dass Sie erhalten haben und verlagern Sie damit die Erfüllung in die Gegenwart. So betete auch Jesus am Grabe von Lazarus: »Vater, ich danke Dir, dass Du mich erhörst, wie Du mich alle Zeit erhört hast!« Er dankte, bevor sich die Erfüllung der Bitte manifestiert hatte, im sicheren Glauben, dass dies erfolgen müsse.

Die Geisteskraft des Glaubens schließt uns an die Eine Kraft im Universum an, so dass nichts mehr unmöglich ist. Nichts steht zwischen dem Menschen und der Erfüllung eines Wunsches als Zweifel und Sorge. Je nach der Art des Glaubens arbeitet dieser also für oder gegen Sie und verwirklicht das, wovon Sie innerlich fest überzeugt sind.

Der richtige Umgang mit dem Glauben

Wie Sie also sehen, ist bei der Schaffung Ihrer Realität der Glaube ein ganz entscheidender Faktor. Dies ist derart selbstverständlich, dass Sie es zuvor vielleicht kaum bemerkt haben.

Ob es sich um das Erreichen einer höheren oder neuen, besseren Position handelt, um einen anderen Arbeitsplatz, um die Verwirklichung eines Projektes, um die Vertiefung oder Auflösung einer Partnerschaft, um bessere Gesundheit oder um anderes – egal, was es ist – die Entschlossenheit zu glauben und damit gelebter Glaube, bestimmt *ALLE* Bereiche des Lebens.

Bewusst oder unbewusst prüfen Sie zunächst, ob das Vorhaben innerhalb der Grenzen Ihres Glaubens liegt. Ist das nicht der Fall, bemühen Sie sich gar nicht erst um die Angelegenheit, und sie ist gestorben, noch ehe sie geboren wurde. Sie sind in eine Falle gelaufen und akzeptieren die an sich veränderbaren Grenzen Ihres Glaubens als unverrückbar und gegeben.

Liegt das Vorhaben innerhalb der Grenzen Ihres Glaubens, befassen Sie sich mit der Planung der ersten konkreten Schritte.

Kaum jemand ist sich dieser Phase oder dessen bewusst, dass es seine eigene Schöpfung war, das Ziel außerhalb oder innerhalb der Grenzen seines Glaubens zu legen. Wir stützen uns dabei auf unsere Erfahrungen.

Bei einem Unterfangen knapp an der Grenze seines Glaubens kommt es bei der Durchführung der ersten Schritte auf dem Weg zum Ziel bereits zu einer Veränderung des Glaubens. Sind die ersten Ergebnisse ermutigend, halten wir den Erfolg nicht mehr nur für möglich, sondern er erscheint uns erreichbar. Wieder haben wir etwas geschaffen: Wir haben damit das Ziel in unsere Reichweite verlegt. Die Erfahrung der ersten Schritte hat unseren Glauben gestärkt, und wir unternehmen vertrauensvoll weitere Schritte. Dabei entsteht die Gewissheit, dass wir unser Ziel erreichen. Somit haben wir – auch dies oft unbewusst – unseren Glauben bereits am Ziel fixiert, und dadurch ist es auf den feinstofflichen Ebenen bereits geschehen, Wirklichkeit geworden. Wir können nun getrost abwarten, bis unser Ziel in Erscheinung tritt!

Damit stand schon vor der Planung des ersten Schrittes fest, ob diese Schritte zum Erfolg führen würden oder nicht. Wir *glauben* jeweils die Ereignisse *herbei* oder *weg*. Es muss jedoch unterschieden werden zwischen wirklichem Glauben oder bloßer Meinung. Eine Meinung ist Denken ohne die Wurzel des Glaubens und hat keine wirklichkeitsschaffende Kraft. Echter Glaube hingegen ist *IMMER* wirklichkeitsschaffend!

Bei diesen Ausführungen können Sie nicht nur erkennen, wie stark und entscheidend der Glaube bei der Schaffung dessen beteiligt ist, was Sie Realität nennen, sondern es wird auch nachvollziehbar, dass der Glaube keine konstante Größe, sondern ständigen Veränderungen unterworfen ist, die Sie dementsprechend bewusst herbeiführen können. Auf diese Weise ist es möglich, Ihren Glauben an den positiven Erfahrungen wachsen zu lassen. Allerdings gilt auch die Regel, dass man ihn aus den umgekehrten Gründen schwächen oder gar auflösen kann. Sie rücken das, was Sie glauben, immer wieder in den Bereich der Tatsachen, und dann bestätigt die Realität zusätzlich diesen Glauben.

Wenn Sie etwas für unmöglich halten, sollten Sie zwischen *zeitlichem* oder *räumlichem Wegglauben* unterscheiden. Wird etwas nur zeitlich weggeglaubt, können Sie es »mit der Zeit« doch noch erreichen. Haben Sie es aber räumlich weggeglaubt, ist es für Sie unerreichbar, es sei denn, Sie ändern irgendwann Ihre Meinung und rücken so das Weggeglaubte wieder in den Bereich der räumlichen und damit realen Existenz.

Entscheidend ist bei allem Ihr Glaube!

Solange Sie etwas für unmöglich halten, werden Sie auch gute Argumente dafür finden, weshalb es außerhalb aller Möglichkeiten liegt.

Zum Beispiel:
- ○ Die Umstände sind ungünstig oder machen es unmöglich
- ○ Es fehlen die geeigneten Personen
- ○ Es ist zeitlich nicht zu schaffen

All diese Dinge sind Variable, die eben gerade von Ihrem Glauben abhängen. Das heißt konkret, von Ihrem Glauben erschaffen werden.

Wenn also die Umstände derzeit ungünstig sind, bedeutet das nur, dass bessere Umstände geschaffen werden sollten. Wenn keine geeigneten Personen zur Verfügung stehen, dann beinhaltet das, die geeigneten Personen durch die Verbesserung der mentalen Entsprechungen (optimale Resonanz) anzuziehen.

Das derzeit scheinbar Unmögliche braucht vielleicht ein neues Bewusstsein, einen neuen Weg, damit Sie mit der Hilfe Ihres Glaubens vermögen, die Dinge zu erschaffen, die Ihnen eigentlich zustehen. Mit dem so »Um-geglaubten« wird es Ihnen zu Beginn plötzlich möglich und dann sicher scheinen, Neues, Stimmiges in Ihr Leben zu ziehen.

Ein gesundes Selbstwertgefühl

Lieben Sie die Vielfältigkeit der Jahreszeiten, die Natur, die sich dadurch immer wieder von einer anderen Seite zeigt? Mal lieblich und zart, dann intensiv und gleißend, später üppig und farbenprächtig, oder dann stürmisch und kühl. Wenn Sie zu den verschiedenen Jahreszeiten noch verschiedene Landschaftsbilder oder sogar verschiedene Kontinente miteinbeziehen, scheinen die Herrlichkeit und Vielfältigkeit dieser Erde keine Grenzen zu kennen.

Lieben Sie die Vielfältigkeit der Menschen? Interessieren Sie neue Begegnungen, aus denen manchmal auch echte Freundschaften entstehen, welche sich vertiefen und über Jahre erhalten bleiben?

Wollen Sie selbst geliebt und akzeptiert werden in Ihrem So-Sein? Ein liebender Mensch ist immer auch ein beliebter Mensch! Wenn Sie um sich blicken, die Schönheit und den Reichtum der Natur, die Sie umgibt, wahrnehmen, wenn Sie lernen, andere Menschen zu schätzen, zu achten, sich für sie und ihre Anliegen echt zu interessieren, bereit sind, etwas von sich selbst zu geben, dann kommen Sie wohl nicht umhin, sich selbst in diesen ganzen Reichtum, diese Fülle und Annahme miteinzubeziehen. Auch auf diese Art ist es möglich, sich selbst lieben zu lernen und damit sein Selbstwertgefühl höher anzusetzen oder zu stabilisieren.

Sie haben ein gesundes Selbstwertgefühl, leben ein erfülltes Leben, wenn der Kontakt mit Ihnen für jeden eine Freude und ein Gewinn ist. Sie geben in jedem Augenblick Ihr Bestes, sind sich bewusst, dass Sie gewisse Dinge der Vergangenheit heute anders handhaben würden, aber damals die Situation für Ihren Lernprozess wichtig gewesen ist. Das Wesentliche ist, dass Sie daran *wirklich* etwas gelernt haben und weitergekommen sind.

Aus diesem Selbstbewusstsein heraus geben Sie niemandem mehr die Schuld für das, was Ihnen widerfährt. Solange Sie den Dingen, Ereignissen Schuld geben, geben Sie ihnen die Macht, über Sie zu bestimmen. Es gibt keinen so genannten Zufall, denn auch der Zufall gehorcht dem Gesetz von Ursache und Wirkung. Zufall ist das, was Ihnen aufgrund Ihres So-Seins zufällt. Zufall und Glück sind nur Bezeichnungen für nicht erkannte Zusammenhänge. Das Zentrum der Macht liegt in Ihnen selbst. Sie sind der Herr / die Herrin der Dinge und Ihres Schicksals, Sie bestimmen die Lebensumstände selbst und tragen für alles, was Sie erleben, die Verantwortung. Sobald Sie das erkannt haben, wissen Sie, was Sie wollen und können verantwortungsvoll die richtigen Entscheidungen treffen. Sie sind sich Ihres wahren Selbst bewusst, strahlen Ruhe und Überlegenheit aus. Alles will Ihnen helfen und dienen. Sie sind ein Gewinner und können gar nicht verlieren. Nach dem Gesetz der Resonanz ziehen Sie in jedem Bereich die Dinge und Menschen an, die Ihnen in Ihrer Entwicklung auf irgendeine Weise helfen weiterzukommen, sofern Sie das auch wollen.

Das Leben als Spiegel-Bild

Sie sehen also, dass Ihr Leben ein Spiegelbild ist. Im Außen spiegelt das Leben die Wirklichkeit Ihres Innern wider. Ihr Selbstbild gestaltet Ihr Leben. Wenn Sie mit Ihrem Leben unzufrieden sind, sollten Sie sich die Frage stellen, ob Ihr Selbstbild der Wirklichkeit Ihres wahren Selbst entspricht. Oft ist dieses Bild wesentlich von anderen geprägt worden, dann aber entspricht Ihr Leben nicht Ihnen selbst, sondern verwirklicht die Meinungen anderer.

Wollen Sie Ihre Lebensumstände selbst bestimmen, sollten Sie unverzüglich daran gehen, unerwünschte und/oder Fremdbilder aufzulösen und sie durch eigens erschaffene, erwünschte, Ihrem wahren Wesen entsprechende zu ersetzen. Lernen Sie, stimmige Bilder auszubilden mittels höherer Lebensqualität. Dies könnte eine Änderung der Tages- oder sogar Lebensplanung mit beinhalten, z.B. qualitativ hochstehende Bücher lesen, Musik hören, Filme ansehen, ein neues, faszinierendes Hobby wählen, qualitativ Wertvolles denken, sagen, zuführen (auch in Bezug auf die Nahrung). Es kann auch beinhalten, vieles zu tun, was Behaglichkeit auslöst. Neben dem »Sich-verwöhnen-lassen« (Massagen, Saunabesuche, Termine bei der Kosmetikerin etc.) kann es auch Wesentliches zur Lebensqualität beitragen, die Atmosphäre der Wohn- und Schlafräume zu optimieren, mit sich selbst zu erfüllen.

Eine sehr grundlegende Idee wäre es auch, sich selbst neu zu »erfinden«. Hierzu kann Ihnen der *Tepperwein-Prozess* behilflich sein.

Der »Tepperwein-Prozess«

So wie wir alle auf der materiellen Ebene einen individuell geformten Körper als Werkzeug haben, so haben wir auch auf der geistig-seelischen Ebene ein individuelles Sein.

Wenn wir geboren werden, haben wir noch kein *Ich*. Wir nehmen uns selbst nicht wahr, unsere Wahrneh-

100

mung beginnt mit dem *Du,* und das ist meistens die Mutter.

Ohne uns unser selbst bewusst zu sein, machen wir dennoch Erfahrungen, es entstehen Ein-drücke und daraus bestimmte Verhaltensmuster und Programme. Indem sich diese Muster mit unserem Charakter ver-binden, den wir als Summe früherer Erfahrungen mit-bringen, entsteht unsere »Persönlichkeit«. Es ist aller-dings beachtenswert, dass wir aufgrund der Summe der früheren Erfahrungen für die Aufgaben und Erfah-rungen *dieser* Inkarnation eben gerade *diese* Eltern mit *diesem* genetischen Material, *diese* Geschwister, *diese* Lehrer, *diese* »anderen«, *diese* Umwelt gewählt haben! Zu unserem Besten!

Die so genannte Persönlichkeit entsteht also durch Prägungen der Außenwelt, bevor wir selbst darauf Einfluß nehmen können. Auf diese »Persönlichkeit« (unser »Kinder-Ich«), zu der wir noch recht wenig bei-getragen haben, sind wir je nachdem ziemlich stolz. Obwohl niemand auf die Idee käme, als Erwachsener in Kinderkleidern durchs Leben zu gehen, leben die meisten Menschen als dieses »Kinder-Ich« und sterben auch in diesem Bewusstsein.

Bestenfalls haben sie im Laufe der Zeit etwas an die-sem Zustand manipuliert, um unerwünschte Teile da-von in Richtung eines Ideals hin zu verändern – oft mit geringem Erfolg. Was dabei vergessen wird, ist, dass dieses Ideal oft nur eine Vorstellung ist und dem jeweiligen Menschen und seiner Aufgabe gar nicht entspricht. Auch wenn die Veränderung selbst vorgenommen worden ist, fühlt er sich deshalb damit nicht wohl. Ein weiteres Mal hat er sich am Außen orientiert, statt in sich selbst hineinzuhorchen und das dort im Innern Gehörte außen zur Entfaltung zu bringen.

Die Frage ist, ob wir an diesem durch die Außenwelt geschaffenen *Ich* herumbasteln sollten, bis wir im besten Fall einigermaßen damit zurechtkommen, oder ob es nicht doch sinnvoller wäre, ein neues *Ich*, ein »Erwachsenen-Ich« zu schaffen, das uns auch wirklich entspricht.

Diesem »Erwachsenen-Ich« können wir frei all die Eigenschaften und Verhaltensweisen geben, die uns derzeit entsprechen, mit denen wir uns wohl fühlen, mit denen wir handeln und auf unsere Umwelt reagieren wollen. Damit haben wir die Möglichkeit, unser Sein bewusst zu gestalten. Ebenso bewusst können wir Korrekturen vornehmen oder neue Eigenschaften und Verhaltensweisen annehmen, wenn wir uns weiterentwickelt haben.

Durch Veränderung der inneren Bilder, die den größten Teil unseres Lebens bestimmen, können wir uns immer wieder unserem wahren Wesen entsprechend optimieren. Nur einen kleinen Teil unseres Schicksals bestimmen wir durch bewusste, gezielte Gedanken.

Immer wenn kein spezieller Auftrag vorliegt, handelt das Unterbewusstsein nach diesen inneren Bildern.

Schaffen wir uns deshalb neue Bilder, mit denen wir im Ein-klang sind. Statt vor Unstimmigkeit am liebsten aus der Haut fahren zu wollen wegen der alten, nicht mehr passenden Kleider, die wir uns in der Vergangenheit von anderen anziehen ließen, wählen wir für den jetzigen Lebensabschnitt unser neues geistiges Kleid. Dazu wählen wir auch unsere Eigenschaften, unsere Persönlichkeit, unser So-sein und schaffen uns damit einen Maßanzug für unser derzeitiges Leben. Das ist einfacher, als an alten Kinderkleidern herumzuflicken, um kurz darauf festzustellen, dass man sich darin fast genauso unwohl fühlt wie zuvor.

Später dann schaffen wir uns ein »spirituelles Ich«. Alles was dem »Erwachsenen-Ich« wichtig war, wie z.B. Anerkennung, Besitz, Erfolg usw., ist für das »spirituelle Ich« ohne jede Bedeutung. Das eine wollte vor allem tun und haben, das andere will nur noch *sein*. Es will *sein* – ehrlich und authentisch und nur noch in der Wirklichkeit leben, anstatt im äußeren Schein. Dem »spirituellen Ich« ist es nicht mehr wichtig, ob es geliebt wird; was zählt, ist zu lieben. Wenn Sie im »spirituellen Ich« leben, sind Sie hervorgetreten als der, der Sie wirklich sind!

Einverstanden sein

Einen ganz wichtigen Platz in einem gesunden Selbstwertgefühl nimmt *das Einverstanden sein* ein. Einverstanden sein mit sich selbst, den anderen und seinem Leben – wie immer dieses bis jetzt verlaufen ist.

Einverstanden sein bedeutet nicht, sich zu zwingen alles zu akzeptieren, was ist und geschieht! Es bedeutet auch nicht, innerlich gegen etwas zu sein und trotzdem so zu tun, als stimme es für einen.

Einverstanden sein bedeutet vielmehr, sich selbst so anzunehmen wie man ist, sich selbst mit seinem Körper, seinem Aussehen, seinem So-sein zu akzeptieren. Es bedeutet auch, mit seinem Leben, wie es bis jetzt war, einverstanden zu sein, selbst dann, wenn man es ab nun anders und stimmig leben, neu aufbauen will. Es bedeutet, die anderen Menschen in seiner Umgebung zu akzeptieren, auch wenn man selbst anders ist und das Leben vielleicht anders sieht als sie. Wir brauchen nicht alles und jeden zu lieben und den Ehrgeiz zu entwickeln, mit jedermann gut auskommen zu müssen. Hier ist genau der Punkt, an dem mancher »Positivdenker« auf der Strecke bleibt. Es genügt – falls nötig – das Leben so zu verändern, für uns *die* Menschen auszusuchen, mit *denen* zusammenzusein und etwas aufzubauen, die uns wirklich etwas bedeuten. Das bedeutet auch, Eigenverantwortung zu übernehmen und ist das Geheimnis einer großen Energie-Einsparung. Verständnis und Akzeptanz für diejenigen zu haben, die uns eigentlich fremd sind und andere Wege gehen, reicht völlig aus.

Sobald Sie vollkommen mit sich einverstanden sind, verliert die Vergangenheit an Bedeutung. Sie ist vergangen, und wenn Sie in sich oder in Ihrem Leben diesbezüglich noch etwas ändern müssen, können Sie das ohnehin nur *jetzt* in der Gegenwart tun.

Einverstanden sein heißt einzutreten in den *Zustand der Verehrung des Lebens* und damit auch Erlösung. Alles ist gut so, wie es ist, und alles will Ihnen nur dienen und helfen, die Wirklichkeit hinter dem Schein zu erkennen. Zudem muss es nicht so bleiben, wie es ist. Sie können es jederzeit ändern, wenn etwas für Sie nicht mehr stimmt. Es genügt, die Botschaft und Aufforderung darin zu erkennen und zu befolgen, um immer mehr zur Ein-sicht zu kommen.

Das geistige Erlebnis oder
Das »Geheimnis des Glücks«

Wünsche erfüllen und Ziele erreichen ist ein oft jahrelanger Prozess. Vielmals kostet er auch eine ansehnliche Stange Geld. Die Suche nach dem Glück begleitet uns ein Leben lang. Kinder haben die Fähigkeit zu erkennen, dass Glück ihr ständiger Begleiter ist. Doch irgendwann werden wir erwachsen, nehmen unsere Erwartungen frustriert immer weiter zurück und sind schon froh, wenn uns kein größeres Unglück geschieht. Oder wir halten in die falsche Richtung nach Glück Ausschau, weil wir es überall vermuten, nur nicht in uns selbst.

Wir suchen nach dem Glück und haben vielleicht nicht einmal eine Vorstellung davon, was es eigentlich ist. Denn mit dem Glück verhält es sich genauso wie mit der Erfüllung.

Nicht selten stellen Menschen beim Erreichen ihres Wunschzieles fest, dass sie sich die »Erfüllung« viel schöner, viel erfüllender vorgestellt haben. Ganz tragisch wird es, wenn sie sich insgeheim sagen, so hätten sie das alles überhaupt nicht gewollt! Wenn sie sich letztendlich eingestehen müssen, dass sie ihre Energien für einen großen Irrtum investiert haben.

Es könnte kurz am Beispiel eines jungen Angestellten aufgezeigt werden, der den Ehrgeiz hat, Direktor der Firma zu werden. In vielen Abendkursen bildet er sich weiter und macht Überstunden. Nach einiger Zeit wird sein hartes Arbeiten anerkannt, und er wird befördert. Stolz und glücklich erkennt er, dass er es schaffen kann und bleibt weiterhin am Ball. Nach einigen Jahren wird er Abteilungsleiter, dann Vizedirektor, und so klettert er die Erfolgsleiter hoch bis zum Erreichen seines Ziels als Direktor.

Das eigenartige Gefühl, das sich jedoch seit längerem breit macht, lässt echte Freude gar nicht aufkommen. Wenn er das Glück und den Willen zum Hinschauen hat, ist es ihm nun möglich, zu erkennen, dass er aus einem einzigen Grund Direktor werden wollte: Um »jemand zu sein«!

Jetzt erst vermag er vielleicht zu erkennen, was er wirklich braucht. Was er braucht und all die Jahre gebraucht hätte, war die Selbstachtung! Selbstachtung bekommt man über Selbsterkenntnis und durch wahres Selbstbewusstsein. Dies ist auch der Weg zum wahren Glück, denn Glück ist ein Zustand der Seele.

Es hat ihn Jahre gekostet, in die Erfüllung seines Wunsches zu investieren, und dadurch hat er nie Zeit gefunden, sich um sein wahres Ziel zu bemühen. Ganz davon zu schweigen, dass er so viel Arbeit, so viele Verpflichtungen auf sich geladen hat, dass er kaum noch genügend Zeit für seine Familie und für seine eigene Entspannung hat.

In solchen Situationen hilft das geistige Erlebnis, welches im nachfolgenden Kapitel ausführlich besprochen wird.

Alles, was Sie in der äußeren Realität erleben können, lässt sich auch in der Innenwelt nach- oder eben vorvollziehen. Dort können Sie sich zum Direktor machen, bevor Sie es sind, und damit unter Umständen früh genug zu wichtigen Erkenntnissen kommen.

Es spielt keine Rolle, ob Sie:
- eine Partnerschaft erleben möchten
- beruflichen Erfolg suchen
- die Welt bereisen wollen
- nach Herzenslust schlemmen möchten
- Macht suchen
- wirklichen Reichtum leben wollen
- sich dem Sport verschreiben
- sich ein Kind wünschen
- sonstige Vorhaben zu verwirklichen gedenken

Alles, was Sie innen erreichen können, vermögen Sie auch im Außen zu erlangen, wenn es Ihnen lohnend erscheint. Zu einem jedoch ist nur über die Innenwelt zu finden: Zu sich selbst und damit auch zu Gott.

Entwickeln Sie Charisma!

Wenn Sie Ihr Selbstwertgefühl steigern, erhalten und Erfolg haben wollen, kommen Sie nicht umhin, Charisma zu entwickeln.

Unter Charisma versteht man die Ausstrahlung eines Menschen, der seine Persönlichkeit entwickelt hat. Charisma bezeichnet die Fähigkeit, die Aufmerksamkeit auf sich zu lenken, dort festzuhalten und Erfolg zu haben. Somit spricht man von einem charismatischen Menschen, wenn es sich um jemanden mit einer starken, fesselnden Ausstrahlung handelt, der auf andere sehr anziehend wirkt.

Charisma ist weder an Alter, Geschlecht, noch an Position oder Leistung gebunden. Auch ist es keine besondere Gabe, die ein freundliches Schicksal an wenige Auserwählte verschenkt, sondern kann entwickelt werden. Es tritt ganz natürlich in Erscheinung, je echter und ehrlicher der Mensch wird, je mehr er der ist, der er wirklich ist – ER SELBST!

Ein Mensch, der eng ist, Angst hat, sich nicht traut, er selbst zu sein, hat wenig Charisma. Wer voll ist mit negativen Bildern, Fehlprogrammen und Fehlvorstellungen, entfernt sich dadurch vom Leben und hat wenig Möglichkeiten, sein wahres Wesen, seine Fülle, seine Freude zum Ausdruck zu bringen.

Ein Mensch, der ganz im Einklang mit sich selbst lebt, im Augenblick aufgeht, voll im Lebensfluss, in seiner Mitte steht, hat viel Charisma. Sein Bewusstsein ist weit, weil er sich mit sich selbst identifiziert. Somit wirkt sein ganzes Tun charismatisch, und er erreicht viele andere mit seinem Auftreten.

Wenn Sie ganz im Hier und Jetzt leben, verantwortungsvoll offen sind für den Augenblick und für Qualität, dann fallen Ihnen günstige Zufälle zu, Türen öffnen sich, die anderen verschlossen bleiben, weil das Leben sich selbst hilft, sich voll zum Ausdruck zu bringen. So haben Sie in jedem Augenblick die Kraft, die erforderlich ist, das Not-wendige zu tun.

Lernen Sie, sich als faszinierende Persönlichkeit zu betrachten, sich so anzunehmen, zu lieben, wie Sie sind. Lernen Sie, sich dem zu öffnen, was als wahres Wesen in Ihnen schlummert und geweckt werden möchte. Denn genau so – in Ihrer ganzen Einmaligkeit – werden Sie von der Schöpfung gebraucht. Sie soll durch Sie zum Ausdruck gebracht werden und nur als die einzigartige Persönlichkeit, die Sie sind, können Sie Ihren Platz ganz ausfüllen, all Ihren Möglichkeiten und Aufgaben gerecht werden.

Mit der natürlichen Wirkung Ihrer Ausstrahlung und Überzeugungskraft, mit Ihren Anlagen, Talenten und Fähigkeiten sind Sie eins mit dem Einen. Und in dieser Einmaligkeit strahlen Sie Liebe, Selbstbewusstsein, Tatkraft und auch Hoffnung aus. So sind Sie den anderen Chance, ebenfalls zu sich selbst zu finden. Sie sind der lebende Beweis dafür, dass es möglich ist, *hier* und *jetzt*.

Stimmschulung

Ihre Stimme ist Ihre »hörbare Visitenkarte«. Wenn Sie lernen, optimalen Gebrauch von Ihrem »Zauberinstrument« Stimme zu machen, unterstützen Sie dabei Ihre charismatische Ausstrahlung um ein Vielfaches. Versuchen Sie jetzt nicht so zu sprechen, wie das ein anderer tut, dem man eine schöne Stimme nachsagt. Bringen Sie über Ihre Stimme Ihre erfolgreiche Persönlichkeit zum Ausdruck. Die Kunst, Menschen zu überzeugen und für sich zu gewinnen, hängt in einem hohen Maße davon ab, wie Sie sprechen.

Die Schulung beginnt damit, dass Sie Ihre Stimme bei verschiedenen Gelegenheiten auf Tonband aufnehmen und danach die Ergebnisse in Ruhe kritisch anhören. Es besteht die Möglichkeit, dass Sie beim erstmaligen Anhören Ihre Stimme kaum wiedererkennen. Mit Sicherheit fällt Ihnen jedoch sofort einiges auf, das überhaupt nicht Ihrem inneren Maßstab entspricht und das Sie ändern wollen. Ein Kassettenrecorder ist ein unbestechlicher und unentbehrlicher Helfer auf dem

Weg zu Ihrer optimalen Stimme. Sie werden überrascht und erfreut sein, wie viel Sie damit lernen und deshalb verbessern können.

Erarbeiten Sie sich diese drei Stimmen:
- ○ Eine geschulte Sprechstimme
- ○ Eine Telefon- und Mikrophonstimme
- ○ Eine Meditationsstimme

Finden Sie Ihren eigenen Sprachstil. Entspricht Ihr Stil dem eines Managers, eines Gemütsmenschen, eines Märchenerzählers, eines vitalen Sportlers oder eines Seelchens? Sprechen Sie mit der Stimme eines jugendlichen oder eines gesetzten Menschen? Wirken Sie spritzig, bedächtig, klar, einfühlsam, resolut oder beruhigend?

Welche Stimme Sie auch benutzen und zu wem Sie auch sprechen, immer ist es von großer Wichtigkeit, sich darüber im klaren zu sein, wohin Sie sprechen. Die meisten sprechen im besten Fall etwa 60 cm vor sich hin. Der andere sollte aber genau dort erreicht werden, wo er sich gerade befindet.

Zudem müssen Sie wissen, dass Sie nicht nur stimmlich, sondern auch energetisch zum anderen sprechen sollten. Lernen Sie daher »subcutan« zu sprechen. Senden Sie Ihre Worte nicht als bloße »Worthülsen« aus, sondern als mit Bewusstsein aufgeladene Energiefelder.

Treten Sie, bevor Sie das tun, auch wirklich mit dem anderen in Kontakt.

Fragen Sie sich, wen Sie ansprechen, wenn Sie zu jemandem sprechen. Sprechen Sie die Person an, den Verstand, das Gefühl, das Ego oder das Selbst? Und wer sind *Sie* dabei? In welcher Identifikation befinden Sie sich? Üben Sie sich darin, so oft wie möglich wirklich bei sich selbst zu sein, wenn Sie sprechen.

Lernen Sie zu telefonieren! Oft wird der Anruf einen ersten Kontakt mit Ihnen bedeuten, und Ihre Stimme wird im anderen den ersten Eindruck hinterlassen. Sorgen Sie dafür, dass dieser optimal ist und der andere über Ihre Stimme wirklich Ihnen begegnet. Wenden Sie sich beim Gespräch innerlich ganz dem andern zu, stellen Sie sich auf ihn ein, und lassen Sie ihn Ihr Interesse und Ihre Anteilnahme spüren. Indem Sie sich öffnen und den anderen wahrnehmen, ihn wichtig nehmen, lernen Sie *die Kunst des Zuhörens*. Wenn es sich um einen möglichen Kunden handelt, merken Sie sich seinen Namen und notieren Sie in jedem Fall seine Telefonnummer und gegebenenfalls seine Anschrift. Finden Sie nach Beendigung des Gesprächs einen guten Abschluss. Sie können es abrunden, indem Sie ihm einen guten Tag wünschen, ihm für sein Vertrauen danken und ihm bedeuten, dass Sie sich auf ein nächstes Gespräch freuen. Verabschieden Sie den anderen immer mit seinem Namen.

Stimm-Übungen

Legen Sie die eine Hand auf Ihren Bauch und die andere auf den Rücken. Atmen Sie alsdann in beide Hände. Während Sie langsam Ihre Hände in einen kleinen Abstand vom Körper bringen, versuchen Sie, den Atem »mitzunehmen«. Üben Sie die gleiche Technik auch in die Tiefe und wiederholen Sie danach das Ganze auf der Höhe Ihrer Flanken.

Zur Zwerchfell-Lockerung wiederholen Sie die folgenden Buchstaben schnell hintereinander. Beobachten und lockern Sie dabei Ihr Zwerchfell:

F – W – S – Z

Die Ähren-Übung:
Drehen Sie sich um die eigene Mitte nach links und nach rechts herum. Dehnen Sie sich vor und zurück, hin und her. Balancieren Sie auf diese Art Ihre Mitte aus und ruhen Sie anschließend eine Weile ganz bewusst darin.

Das »Ganzkörper E«:
Summen Sie den Buchstaben E und sorgen Sie dafür, dass der ganze Körper mitschwingt und sich mit dem Laut E erfüllt.

Üben Sie zudem, aus dem Bewusstsein und aus dem Herzen zu sprechen. Beziehen Sie dabei immer Ihre Mitte und Ihr Selbst mit ein.

Üben Sie Geistes-Gegenwart und sprechen Sie bewusst langsam. Achten Sie auf Ihre Stimmenergie und sprechen Sie heilend, gesund und selbst-bewusst.

Schöpferische Imagination

Um das Reichtumsbewusstsein zu entfalten, ist das regelmäßige Anwenden von schöpferischen Imaginationen, Positivaffirmationen und des Mental-Trainings unabdingbar. Die schöpferische Imagination wirkt auch als *Ich*, führt vom *Ich* zum *Selbst* und wirkt deshalb unmittelbar als *Ich Bin*.

Stellen Sie sich einmal vor, dass sich ein kleines Mädchen von ganzem Herzen eine Puppe wünscht. Es weiß genau, wie diese Puppe aussehen soll – mit Schlafaugen und langem Haar. In der Phantasie besitzt das Mädchen die Puppe bereits, spielt mit ihr und hat ihr auch schon einen Namen gegeben.

Versetzen Sie sich in eine andere Situation: Ein Mensch hat Angst. Es spielt keine Rolle, was er befürchtet, er stellt sich das Eintreten der angsterregenden Situation immer wieder vor und lässt damit seine Angst immer größer werden. Er verbindet starke Gefühle mit dem Bild der befürchteten Situation und zieht letztlich das an, was er befürchtet.

Von dieser Begebenheit können Sie selbstverständlich auch das Umgekehrte annehmen: Ein Mensch ist von Freude erfüllt und davon ganz beschwingt. Auch dieses starke Gefühl, verbunden mit einem schönen Bild, wird sich irgendwann verwirklichen.

Es gibt auch die Möglichkeit, dass jemand ganz in der Selbstidentifikation lebt. Er hat seine Aufgaben gelöst, sich erlöst und geht durch die Welt, um zu tun, was zu tun ist. Doch sein Tun ist kein Handeln im üblichen Sinne. Dieser Mensch erkennt eine unstimmige Situation, nimmt wahr, wie sie stimmen würde, und stellt sich den stimmigen Endzustand vor, während er gleichzeitig schöpferische Urkraft darauf fließen lässt. Er lässt so Verwirklichung geschehen.

Alle Menschen benutzen die gleiche Kraft, bewegen aber unterschiedliche Energiefrequenzen. Das kleine Mädchen mit dem Puppenwunsch, derjenige, der Angst verspürt oder derjenige, der voller Freude ist, und selbst der harmonisch in Einklang lebende Erwachte, alle bewegen die Kraft der Gefühle und Visionen. Einmal sind es positive, dann negative und oft auch unstabile Gefühle, die sich mit positiv und negativ mischen oder stetig zwischen beiden Polen hin und her pendeln. Die Wirkung ist immer von der Richtung, der Intensität und der Konstanz der Gefühle und der Vorstellungskraft abhängig. Hinzu kommt, dass sich die meisten dieser Ursache/Wirkung-Mechanismen gar nicht bewusst sind.

Lernen Sie, Ihr Denkinstrument zu beherrschen

Beginnen Sie damit, Ihre Gedanken zu beobachten. Nehmen Sie einfach nur wahr, welche Gedanken gerade in Ihnen sind. Lassen Sie sie kommen und gehen. Dann greifen Sie einmal bewusst einen Gedanken heraus und halten ihn fest, schauen ihn sich genauer an. Wo kommt er her? Warum denke ich ihn? Was will er mir sagen? Was verursacht er?

Gehen Sie dann mit diesem speziellen Gedanken um. Ändern Sie ihn, bis er Ihnen gefällt, bis er Ihrem Wertmaßstab entspricht. Danach geben Sie ihn frei.

Machen Sie sich bewusst, dass Gedanken frei sind von Raum und Zeit. In einem Augenblick können Sie sich nach New York denken und wenige Sekunden später an einem sonnigen Sandstrand in der Südsee liegen. Es ist möglich, in der Zeit zurückzugehen, sich in Gedanken noch einmal als Kind zu erleben und die verschiedenen Stationen Ihrer Jugend durchzuleben. Sie können auch ganz bewusst dort sein, wo Sie gerade sind. Ganz im Hier und Jetzt.

Aufgrund dieser vielen Möglichkeiten erkennen Sie bestimmt, dass Sie *nicht* der Gedanke sind, sondern der Denker. Sie sind Bewusstsein. Sie sind der, der die Gedanken denkt, manchmal unbewusst, manchmal bewusst. Doch Sie sind letztlich derjenige, der entscheidet, was gedacht wird. Sie haben die Wahl, und jeder Gedanke hat eine Wirkung. Eine positive oder eine negative. Lernen Sie, bewusst damit umzugehen, Ihre Gedanken gezielt einzusetzen und – vor allem – dann auch mit Wiederholungen, viel Vertrauen, Glauben und Zielvisionen dranzubleiben.

Das Mental-Training

Wer das Mental-Training zum festen Bestandteil seines Lebens macht, nutzt diese Kraft ganz gezielt zu seiner Entwicklung. Wer sich weiterentwickelt, sich selbst heilt, nimmt automatisch an der globalen Heilung teil. Andere Menschen, die sich in einem solch heilsamen Umkreis bewegen, können – wenn ihre Zeit reif ist und sie willens sind – ebenfalls zur eigenen Heilung, zur Eigenverantwortlichkeit motiviert werden.

Es war Paracelsus, der die Bezeichnung *Einbildungskraft* prägte. Er bezeichnete damit die Eine, wirklichkeitsschaffende Kraft, die von innen her die Dinge bestimmt und in Erscheinung treten lässt.

Durch die Imagination bewegt sich die Welt,
ja, sie ist letztlich aus der Imagination entstanden!

Ist die Kraft, welche die Imagination bewegt, stark genug, ist absolut nichts mehr unmöglich.

Mit Hilfe des Mental-Trainings wissen Sie, dass die entsprechende Wirkung früher oder später eintreten muss. Es kann nur sein, dass es mehrere bis viele Wiederholungen braucht. Wird jedoch die schöpferische Urkraft von einem *Selbst* in Tätigkeit gesetzt, genügt eine einmalige Anwendung, um die entsprechende Wirkung in kürzester Zeit und absolut sicher eintreten zu lassen.

Gedanken und Gefühle sind magnetisch und ziehen gleiche oder ähnliche Energien an. Sie sind eine schnelle, leicht bewegliche Form von Energie, die sich augenblicklich manifestiert, im Gegensatz zu dichteren Formen wie Materie. Trotzdem manifestieren sie sich eben auch auf der materiellen Ebene, wenn man sie lange genug im Bewusstsein hält oder die stärkste Kraft im Universum – die schöpferische Urkraft – in Bewegung setzt.

Mit Hilfe der Imagination können Sie demzufolge Ihren Körper heilen, verjüngen und verschönern, falls Sie ihn zuvor mit Negativem krank gemacht haben sollten. Denn die Konzentration auf eine Vorstellung führt dazu, dass in der Materie eine entsprechende Wirkung in Erscheinung tritt. Alle Ihre Lebensumstände sind so entstanden, wenngleich meist unbewusst. Obwohl Imagination unser ganzes Leben bestimmt, scheint kaum jemand davon Notiz zu nehmen.

Beachten und beweisen Sie sich selbst die zuverlässige Wirkung Ihrer Gefühle und Visionen, indem Sie sich über eine gewisse Zeit immer wieder auf eine ungewöhnliche Situation oder einen ausgefallenen Gegenstand konzentrieren. Halten Sie diese Situation oder diesen Gegenstand für mindestens 5 Minuten im Bewusstsein fest. Bald wird das so Vorgestellte irgendwie in Ihrer Umgebung »auftauchen«. Es könnte der erste handfeste Beweis für die Macht des Geistes über die Materie für Sie sein.

Für diese Erfahrung brauchen Sie drei Kräfte:
o Einbildungs-Kraft
o Vorstellungs-Kraft
o Verwirklichungs-Kraft-Glauben

Die Einbildungskraft liefert die Bilder, die entweder aus der Erinnerung oder der momentanen Kreativität entspringen. Die Vorstellungskraft bringt die so geschaffenen Bilder auf den geistigen Bildschirm und hält sie dort fest, damit die Verwirklichungskraft (die wirklichkeitsschaffende Kraft/der Glaube) einfließen kann, damit die Energie im Außen in Erscheinung tritt.

Je präziser Ihre Vorstellung ist, desto präziser ist auch die Ausführung. Je länger Sie die Vorstellung in Ihrem Bewusstsein festhalten oder je stärker die wirkende Kraft ist, desto schneller tritt die Energie auf der materiellen Ebene in Erscheinung.

Die bildhafte Vorstellung entspricht nicht dem üblichen Sehen, wie wir es von unseren Augen her gewohnt sind. Doch jeder kann es – ja, wir können es nicht einmal lassen, da die bildhafte Vorstellung die Sprache des Unterbewusstseins ist. Es kommt nur darauf an, sich diese Vorstellung bewusst zu machen.

Hilfreich kann es zunächst sein, so zu tun, als ob. Nehmen Sie einmal an, Sie beherrschten die bildhafte Vorstellung perfekt. Wie würde das aussehen? Welche Farbe hätte diese Vorstellung? Welche Form? Wie würde es sich anfühlen und welche Details sind vorhanden? Und schon sind Sie mitten drin im *inneren Erleben!*

Machen Sie sich bewusst, das Sie nur das empfangen können, was Sie im Geist auf sich zukommen sehen. Es sind Ideen der Schöpfung, die für Sie in Erscheinung treten, sobald Sie sie in Ihrem Bewusstsein festhalten.

Wenn Sie ein solches Bild in der Vorstellung schaffen und auf Ihrem mentalen Bildschirm festhalten, hat es sich bereits auf der geistigen Ebene verwirklicht. Sobald es mit ausreichend Energie versorgt ist, *muss* es auch im Außen in Erscheinung treten. Ihre Aufgabe ist es, dieses Bild zu verinnerlichen, sich damit zu identifizieren. Wenn es Ihnen gelingt, Ihre Sinne zu aktivieren und das Vorgestellte auch zu fühlen, zu riechen oder zu hören, intensivieren Sie diesen Prozess auf natürliche Weise.

Sie müssen sich darüber klar werden, was Ihre Grunderwartungen sind, denn:

Ihre Grunderwartungen erfüllen sich!

Vorstellungsbilder sind die Spezialität der rechten Hemisphäre Ihres Gehirns. Sie denkt *holistisch, ganzheitlich, interdisziplinär* und *umfassend*. Die linke Hemisphäre denkt *analytisch, hierarchisch,* in *Strukturen,* in *Ja/Nein, wenn/dann* und in *entweder/oder*. Damit das so geschaffene Bild eines erwünschten Endzustandes auch von der linken Hemisphäre verstanden wird, muss es in dessen Sprache – das Wort – übersetzt werden. Wenn Wort und Bild übereinstimmen, befassen sich beide Hemisphären mit der gleichen Sache, und die Energie wird somit gerichtet und gebündelt.

Jede linksseitige Entscheidung für eine Sache ist gleichzeitig auch eine Entscheidung gegen eine andere. Entscheidungen der rechten Hemisphäre haben eine höhere Qualität. Diese Entscheidungen fällen Sie in einem wahren Selbst-Bewusstsein, erkennen über die Intuition die Wirklichkeit hinter dem Schein, wissen, dass die getroffene Entscheidung stimmt, der eingeschlagene Weg richtig ist.

Das Geheimnis besteht also in einer bewusst gesteuerten Imagination, die in Verbindung mit der schöpferischen Urkraft im Außen das hervorbringt, was Sie so

123

erschaffen. Die Imagination verbindet Sie mit dem erwünschten Endzustand, wenn Sie sie meisterhaft anwenden. Das bedeutet, wie jemand der sein Ziel erreicht hat, vom Ergebnis aus zurückzublicken, und nicht wie ein Zuschauer auf dieses hinzuschauen. »Bittet, um was ihr wollt, glaubt nur, dass ihr es erhalten habt, und es wird euch zuteil werden.« Das könnten Sie auch übersetzen mit: »Stell dir vor, du bist und du wirst sein.«

Durch die Imagination wird die Zukunft zur Gegenwart. Der Mensch wird das, was er sich vorstellt, und die Imagination ist der Weg. Die Wirklichkeit entsteht in uns und tritt außen in Erscheinung. Der schöpferische Mensch leugnet nicht die Realität, aber er weiß, dass sie im Innern durch Imagination erschaffen wird. Mit der Verwirklichung ist der Schöpfungsprozess abgeschlossen.

Der Schlüssel zum Geheimnis der schöpferischen Imagination

- ○ Ich danke für ...
- ○ Ich genieße, dass es geschehen ist
- ○ Die Energie des erfüllten Wunsches aufrechterhalten

In diesem Bewusstsein warten Sie nun ab, bis die Energien als Ergebnis zu ihrer Quelle – in diesem Falle Sie selbst – zurückkehren, bis sie sich manifestiert haben, das Ereignis eingetreten ist.

Stellen Sie sich die schöpferische Urkraft vielleicht einmal als Projektor vor, das Bild des erwünschten Endzustandes als Dia, und die Welt, das Leben ist die Leinwand, auf der das Bild dann in Erscheinung tritt. Ihre Wunschkraft ist das Licht, durch welches das Bild erst sichtbar gemacht wird. Bevor Sie den Projektor einschalten, wählen Sie sich ein Bild aus, das Sie sehen wollen.

Wenn Sie das Bild Ihrer optimalen Gesundheit wählen, machen Sie sich bewusst, dass Ihnen im untersten Chakra reine Lebenskraft aus einer unerschöpflichen Quelle zur Verfügung steht. Lassen Sie nun einmal diese Quelle bewusst sprudeln. Spüren Sie, wie es dabei zunächst warm wird. Lassen Sie diese Wärme und dieses Licht Ihren ganzen Körper erfüllen. Halten Sie dabei das Bild Ihrer optimalen Gesundheit im Bewusstsein, und spüren Sie, wie auf der Leinwand im Körper in jeder Zelle die reine Lebenskraft in Ihnen Gesundheit schafft.

Diese Quelle ist unerschöpflich, weil die ganze schöpferische Urkraft des Universums über diese Quelle in Ihnen in Erscheinung tritt. Je mehr Sie entnehmen, desto mehr fließt nach, strömt ein. Lassen Sie diese unerschöpfliche Urkraft durch das innere Bild von Gesundheit fließen. Spüren Sie, wie im gleichen Augenblick diese Kraft heilend in Ihnen zu wirken beginnt und als Gesundheit in Erscheinung tritt. Schauen Sie zu, wie Heilung in Ihnen geschieht und verwirklichen Sie damit mehrere Dinge, indem Sie die Kraft gleichzeitig auf einen anderen Bereich Ihres Lebens lenken und auch dort Heilung manifestieren.

Es ist Ihnen etwas Unglaubliches anvertraut. Sie haben die Vollmacht, die höchste Kraft des Universums beliebig in Tätigkeit zu setzen und das hervorzurufen, was Sie wollen. Es *muss* im gleichen Augenblick damit beginnen, in Erscheinung zu treten.

Die Zeit, welche die Imagination braucht, um in Erscheinung zu treten, entspricht Ihrem Glauben, wann Sie sich die Erfüllung zugestehen.

Imagination kann das ermöglichen, was Handeln allein nicht vollbringt. Doch ist die Kombination von beidem unschlagbar und ergänzt sich möglicherweise in einer fruchtbaren Weise. Ihr Bewusstsein bestimmt Ihr Handeln, aber Ihr Handeln bestimmt auch Ihr Bewusstsein.

Wenn Sie mit der Zeit über eine unerschütterliche Gelassenheit verfügen, hat das nichts mit Lässigkeit oder gar Nachlässigkeit zu tun, sondern es ist das Ergebnis der Ausgeglichenheit Ihres Bewusstseins. Diese Ausgeglichenheit ist etwas Herrliches, sie wird ersehnt und bewundert. Diese Art von Gelassenheit hat nichts mit einem »dicken Fell« zu tun, sondern ist ein Zeichen hoher menschlicher Reife und damit auch seelischer Unverwundbarkeit. Je mehr Sie Sie selbst sind, indem Sie loslassen, was Ihnen nicht mehr entspricht, desto gelassener werden Sie. Die Umstände werden dann mehr und mehr als gleich-gültig erkannt und das, was Sie bisher als Belastung und Schwierigkeit empfunden haben, wird zu einer interessanten Aufgabe des Lebens, die Sie freudig lösen.

So spielen Sie ganz bewusst und voller Freude das Spiel des Lebens und leben in der Leichtigkeit des Seins. Ihr Glück ist nicht abhängig von irgendwelchen Umständen, und Schwierigkeiten machen alles noch interessanter. Nach und nach bauen Sie die alten Muster ab, erlösen sich von ihnen, und dann ist auch das Belastende der Vergangenheit vorbei und kehrt nicht mehr zurück.

Irgendwann fragen Sie sich nicht mehr, sondern *sind* nur noch und lassen Leben durch sich geschehen. Sie bestimmen, wann Sie den ersten Schritt zu diesem *Irgendwann* tun wollen – vielleicht *jetzt*. Vielleicht ist *jetzt* der Augenblick gekommen, um die Veränderung Ihres Lebens in Angriff zu nehmen, echt zu werden, Eigenverantwortlichkeit zu erlernen.

Wenn Sie dann hinaustreten in dieses neue Leben, scheint alles noch so wie vorher zu sein. Sie leben mit

Ihrem Partner, üben denselben Beruf aus und fahren dasselbe Auto. Nur eines ist anders: Sie sind auf dem Weg zu Ihrer Authentizität, zu sich selbst und werden gewinnen!

Die Technik des »mentalen Schreis«

Sicher haben Sie schon davon gehört, dass jemand buchstäblich in letzter Sekunde gerettet worden ist. Einen Moment später wäre er verloren gewesen, aber eine unsichtbare Intelligenz hat dafür gesorgt, dass gerade noch das Notwendige geschehen ist.

In diesen Fällen wurde, meist unbewusst, ein *mentaler Schrei* ausgestoßen. Er wurde von der Energie höchster Not getragen und erreichte so unmittelbar die Eine Kraft. Solche Rettungen nehmen sich wie Wunder aus, doch diese Kraft höchster Not kann auch mobilisiert werden, wenn man nicht in akuter Lebensgefahr ist. Das geschieht, indem Sie den Atem anhalten, solange Sie können und dabei das Bild des erwünschten Endzustandes deutlich vor sich sehen. Halten Sie solange es geht die Luft an, denn erst wenn Sie wirklich in Atemnot sind, stößt Ihr Sein den *mentalen Schrei* aus und innerhalb von Sekunden geschieht Hilfe.

Das kann dadurch geschehen, dass sich die Umstände unmittelbar ändern. Es kann Ihnen aber auch der richtige Einfall zur rechten Zeit kommen, womit Sie sich selber zu helfen vermögen. Was immer es sein mag, das Leben bietet Ihnen dann *sofort* einen Ausweg aus der Situation.

Holen Sie Luft, wenn Sie wissen, dass es geschehen ist, und Sie werden sehen – es ist geschehen!

Bevor Sie jedoch die Technik des *mentalen Schreis* anwenden können, brauchen Sie ein Bild des erwünschten Endzustandes. Dabei ist zu klären, *wer* das Bild bestimmt. Sind Sie gerade *ich* oder sind Sie *Ich selbst*? Bestimme *ich* oder das *Selbst* das Bild? Die Qualität des Bildes fällt je nach Wahl des Verursachers unterschiedlich aus. Schaffen Sie sich ein Bild, lassen Sie es immer deutlicher werden und gestalten Sie es in allen Einzelheiten. Sie vermögen so etwas Wünschenswertes oder Heilsames für sich zu erzeugen, für jemand anderen oder für die Welt.

Wenn es sich um eine Heilung handelt – für sich selbst oder eine andere Person – sehen Sie sich oder diesen anderen völlig gesund, heil, ganz, vollkommen und halten Sie dieses Bild aufrecht. Es ist das Bild der Vollkommenheit, des wahren Wesens des Menschen.

Es ist wichtig, Bilder so klar wie möglich sehen zu können und diese Schau aufrecht zu erhalten. Sollte Ihnen das noch Schwierigkeiten bereiten, wenden Sie vorerst die *pulsierende Imagination* an. Vielleicht üben Sie zunächst, sich das Bild ohne den Atem anzuhalten vorzustellen. Halten Sie es wie ein fotografiertes Bild innerlich vor sich. Sollte ein ablenkender Gedanke kommen, sagen Sie: »Jetzt nicht, jetzt schaue ich dieses Bild an!« Folgt diesem Gedanken wieder ein anderer, bemerken Sie: »Später, jetzt halte ich dieses Bild im Bewusstsein!«

Wenn Sie Bilder mühelos und deutlich aufrecht erhalten können, versuchen Sie in einer nächsten Stufe, ob es Ihnen leichter fällt, beim Ausatmen oder beim Einatmen die Luft anzuhalten. Dann haben Sie nichts weiter zu tun, als die Luft anzuhalten und sich den gewünschten Endzustand bis zur letzten Sekunde, bis zum Schrei klar und deutlich vorzustellen.

Die Erfüllung wird nie klarer sein als das Bild, mit dem Sie arbeiten. Die Anwendung dieser Technik dauert nur ca. ein bis zwei Minuten. Sie ist also kurz, intensiv und absolut zuverlässig. Und es ist der schnellste Weg der Verwirklichung, um ein Bild als Ereignis zu manifestieren.

Die Blitztechnik des Umkreisens

Bei dieser Technik schreiben Sie den erwünschten Endzustand in möglichst wenigen Worten auf die Mitte eines Blattes. Prüfen Sie sorgfältig, ob diese Worte genau das aussagen, was Sie erreichen wollen, und optimieren Sie Ihre Formulierung, bis Sie wirklich zufrieden sind, bis Wort und Bild eins sind.

Dann beginnen Sie, die Worte mit einem Kugelschreiber oder Bleistift mit gleichmäßigen Bewegungen zu umkreisen, während Sie sich ganz auf die Worte konzentrieren. Das sollte ohne jede Anspannung oder Erwartung geschehen – am besten in einer so genannten *konzentrativen Entspannung*. Lassen Sie die Bewegung des Umkreisens ganz automatisch geschehen, während Sie ganz eintauchen in die Vorstellung des erwünschten Endzustandes. Verschmelzen Sie förmlich damit, sehen Sie sich in der Erfüllung, erleben Sie, dass es bereits geschehen ist.

Diese Selbst-Versunkenheit bewirkt die Verwirklichung dessen, worauf Sie Ihr Bewusstsein gerichtet halten. Sie spüren eine Kraft durch Sie wirken und setzen das Umkreisen fort, bis sich die Kraft von Ihnen verabschiedet, und Sie wissen, dass es vollbracht ist.

Um mit dieser Technik Erfolg haben zu können, ist es nötig, sich als *Ich Bin* zu fühlen. Nur in diesem zentrierten, meditativen Zustand sind Sie offen und bereit, die Kraft in sich eintreten und wirken zu lassen.

Zu bemerken ist weiterhin, dass Sie, um etwas zu erhalten, Ihre Kreisbewegungen linksherum ziehen müssen. Andererseits ist eine Bewegung rechtsherum dazu da, um Personen und Dinge loszulassen, wegzukreisen, die in Ihrem Leben nicht mehr stimmen.

Die Technik der 7 Schritte

Eine Technik, die Sie über sich selbst hinausführt und die Schritte beinhaltet, Wirklichkeit geschehen zu lassen.

1. Zielklarheit

Bewusst machen des Mangels oder der zu ändernden Situation.

Erträumen des erfüllenden, erwünschten Endzustandes.

Anschließend den erwünschten Endzustand in der Mitte eines Blattes aufschreiben.

2. Die Umgrenzung

Die geschriebenen Worte mit einem Kugelschreiber umkreisen.

3. Die Konzentration

Beim Umkreisen stetig auf die Worte schauen und förmlich mit ihnen verschmelzen.

4. Tun, ohne zu tun

Das Umkreisen automatisieren, d.h. ohne eigenes Dazutun *geschehen lassen*.

5. Die Formgebung

Das Bewusstsein auf den erwünschten Endzustand gerichtet halten, bis die »Erinnerung« einsetzt, Worte »lebendig« werden, und Ihr »Film« mental abläuft.

Vollkommene Identifikation mit dem erwünschten

Endzustand und sich von ihm aus erinnern, wie er er-reicht worden ist.

6. Die Selbst-Identifikation

In die Identifikation mit dem eigenen Selbst gehen. Sich bewusst machen, wer Sie wirklich sind – Selbst-be-wusst-Sein.

Sich dabei von Körper, Form und Verstand lösen, und sich seiner selbst als reine Existenz bewusstwerden. Allumfassendes Potential, das alle Möglichkeiten ent-hält, reines Sein sein.

7. Die Schöpfung

Die Existenz des *Ich Bin* verbindet sich dadurch mit dem erwünschten Endzustand und holt ihn so aus der *Möglichkeit der Zukunft* als Erfüllung in die *Gewiss-heit der Gegenwart*.

Die schöpferische Urkraft wirkt in dieser Situation un-mittelbar.

Anschließend auch im Außen praktisch umsetzen, was Sie »erinnert« haben und so Schritt für Schritt vollzie-hen. Dem Leben damit gestatten, es nun in Erschei-nung treten zu lassen. Dankbar erkennen, dass *es voll-bracht ist*.

Indem Sie es geschehen lassen, wird das Geheimnis, das Gewaltige hinter diesen Worten wirksam werden!

Anschließend möchte ich Sie noch auf zwei Dinge aufmerksam machen, welche Ihnen auf Ihrem Weg eine zusätzliche Hilfe bedeuten können. Es sind dies: *Der Mentalometer* und *das persönliche Erfolgsprofil.*

Der Mentalometer

Lernen, Probleme zu lösen (berufliche, wirtschaftliche, charakterliche, partnerschaftliche, emotionale, spirituelle). Anschließend Problemprophylaxe in den Alltag integrieren, damit erst gar keine Probleme entstehen.
*20%

Regelmäßig angewandte Psycho-Hygiene (Bewusstsein klären). *10%

Gedankliche »Krankmacher« und Heilungshindernisse erkennen und auflösen. * 5%

Den »Rucksack der Vergangenheit« ausziehen. * 5%

Nicht mehr Zugehöriges loslassen (Muster, Programme, Verhalten, Bilder, Vorstellungen, Erwartungen, Ideale, Rollen, Positionen, Krankheiten). *20%

Mangelbewusstsein auflösen und stattdessen Wohlstandsbewusstsein erschaffen. *10%

Nicht mehr arbeiten im Sinne von »sich abrackern«, sondern sich entspannt seiner Lieblingsbeschäftigung widmen. *10%

Positives denken, sagen und tun. * 5%

Das als richtig Erkannte im Leben umsetzen. *10%

Wunschlos leben. * 5%

Bewusst und achtsam durchs Leben gehen. *10%

Das Urteilen loslassen, alles verzeihen und stattdessen die Wahrnehmung verfeinern. *10%

Erwartungen auflösen, weil letztlich alle Erwartungen enttäuscht werden. *10%

Das Denkinstrument optimal beherrschen lernen.
*10%

Ein spielenswertes Spiel erfinden und spielen (die eigene Vision erkennen und verwirklichen). *10%

Das Leben bewusst als Schöpfer spielen/führen. *10%

Das Gesetz von Ursache und Wirkung kennen und optimal nutzen. *10%

Die eigene Lebensphilosophie entwickeln. * 5%

Sich selbst bedingungslos annehmen. *10%

Heiter, gelassen und sich von der Freude führen lassend durchs Leben gehen. * 5%

Echt, ehrlich, authentisch sein und somit leben, wie ich gemeint bin. *10%

Lernen zu träumen und meine Träume zu verwirklichen. * 5%

Den richtigen Partner finden und mit ihm glücklich sein. *10%

Alles als Chance erkennen und nutzen. * 5%

Keine Meinung haben, unbeeindruckt sein – in der Wirklichkeit leben. * 5%

Alles Unwesentliche loslassen. *10%

Die »Selbst-vergessenheit« aufheben und als der leben, der ich wirklich bin – ICH SELBST. *10%

In meiner Mitte ruhen und stimmig leben – leben in der *Leichtigkeit des Seins.* *20%

Nur Gesegnetes essen und trinken. Nur Segensreiches denken, sagen und tun. *10%

Den Meister in mir wecken und als solcher leben – selbst zum Weg werden. *100%

Bewusstseinssteigerung in Prozenten = * %

Das persönliche Erfolgsprofil
(Test)

Zielklarheit

Was ist Erfolg für mich? . . . .
. . . .
Was will ich? . . . .
. . . .
Wie sehr will ich das? . . . .

	Punkte	Handlungsbedarf	Prioritätsstufe

Psycho-Hygiene

Wie weit habe ich meine Aufgaben erkannt/gemeistert ?

Ärger . . . .

Stress . . . .

Ängste . . . .

Schuldgefühle . . . .

Probleme . . . .

Habe ich Angst vor Erfolg? . . . .

Wie empfindlich bin ich? . . . .

Wie ist mein Umgang mit:

Kritik . . . .

Ablehnung . . . .

Misserfolg . . . .

Erfolgs-Voraussetzungen

Glaube ich an mich und meinen Erfolg? . . . .

Fühle ich mich wert, *jetzt* erfolgreich
zu sein? . . . .

Wie stark ist meine Motivation? . . . .

Wie beharrlich verfolge ich mein Ziel? . . . .

Halte ich durch bis zum Erfolg? . . . .

»Rackere« ich mich noch »ab«? . . . .

Wo stehe ich in der Entwicklung meines
Wohlstandbewusstseins? . . . .

Kann ich mich gut konzentrieren? . . . .

Denke ich positiv und setze damit
positive Ursachen? . . . .

Wie steht es mit meiner Disziplin? . . . .

Bin ich lernbereit? . . . .

Habe ich meinen Rhythmus gefunden? . . . .

Wie sehr folge ich meinem Rhythmus? . . . .

Wo stimmt mein Leben? / Wo noch nicht? . . . .

Was fehlt in meinem Leben? . . . .

Gestalte ich mein Leben nach meinen
Wünschen? . . . .

Wie weit ist meine »innere Ausbildung«
gewachsen? . . . .

Wie sieht mein Selbstbild aus? . . . .

Wie oft erlebe ich unerwünschte Situationen
mental um? . . . .

Nutze ich mein Denkinstrument optimal? . . . .

Erkenne/nutze ich rechtzeitig die
Chancen, die mir das Leben bietet? . . . .

Verstehe/befolge ich die Botschaften des
Lebens? . . . .

Beachte ich bewusst die geistigen Gesetze? . . . .

Beherrsche ich die Kunst des Zuhörens? . . . .

Nutze ich bewusst das »Geheimnis des
ersten Wortes«? . . . .

Vertraue ich meiner Intuition? . . . .

Nützliche Hinweise
zum Schluss

Abschließend möchte ich Ihnen einige hilfreiche Tips mitgeben, die Ihnen den Weg zu sich selbst und damit letztlich auch zu Ihren Mitmenschen, Ihrem gesamten Umfeld, einfacher machen.

Gesundheit als Vermögen

Gesundheit ist nur möglich, wenn Sie mental und emotional gesund sind. Wenn eine Krankheit besteht, ist es wichtig, zuerst das Bewusstsein zu klären und festzustellen, in welchen Punkten eine mentale und/oder emotionale Störung vorliegt. Beseitigen Sie danach die krankmachende Ursache, indem Sie diese aufdecken, sie genau anschauen und anschließend loslassen, damit die Heilung und damit Ihre körperliche Gesundheit bald nachfolgen können. So werden Sie sich echter Gesundheit erfreuen, denn Sie haben die Ursache beseitigt und nicht bloß ein Symptom überlistet.

Konfliktsituationen

Menschen neigen dazu, sich immer wieder in Stress-Situationen hineinzumanövrieren. Diese entstehen durch das Anpeilen verschiedener Richtungen zur selben Zeit und auf dem gleichen Weg. Unsicherheit, Unentschlossenheit und Angst ergeben innere Konflikte und machen das vertrauensvolle Gehen des Weges in eine stimmige Richtung unmöglich. Es ist nicht machbar, einen Weg zur selben Zeit in mehr als eine Richtung zu gehen, und doch halten viele diesen Versuch immer wieder für erstrebenswert.

Der Preis für solches Tun ist der Verlust des inneren Friedens und damit auch der Gesundheit. Irgendwann hält der Körper diesen Druck, diese Zerrissenheit nicht länger aus und wird krank. Die Krankheit dauert genauso lange an, bis die notwendige innere Wandlung in Richtung Harmonie vollzogen worden ist. Leider reagieren wir auf diese Botschaften manchmal so, als wären wir stockblind und taub. Es erscheint uns einfacher, alles zu verdrängen, Schmerzen zu ertragen, zu leiden und auf Sparflamme zu leben, als in der Tiefe unseres Seins nach Ursachen zu forschen. Mit der Überwindung des Widerstandes erlauben wir uns jedoch, uns an die unendliche Quelle der göttlichen Kraft anzuschließen und Heilung geschehen zu lassen.

Eine konstruktive Haltung wird immer und sofort erste Umbrüche des Gestörten in Richtung Heilung zur Folge haben. Wenn wir dann noch fähig werden, voller Vertrauen die Vollkommenheit unseres Körpers zu manifestieren und aufrecht zu erhalten, steht der Heilung des Bewusstseins und somit der Krankheit nichts mehr im Wege.

Sie sind ein vollkommener Mensch und befinden sich im Einklang mit den göttlichen Kräften. Ihr Geist, Ihre Seele und Ihr Körper stellen eine gesunde Einheit dar, so dass Sie fähig sind das zu tun, was Sie tun wollen, um teilzuhaben am großen Ganzen, und damit Ihr Leben erfolgreich und glücklich zu erfüllen.

Im eigenen Rhythmus leben

Erfolgreich sein ist undenkbar ohne das Miteinbeziehen des eigenen Rhythmus. Den eigenen Rhythmus finden, bedeutet zu lernen, die Aufmerksamkeit nach innen zu richten, sich selbst wahrzunehmen. Ohne dieses Können lebt der Mensch vorwiegend nach seinem Verstand und nach Regeln, wie es sein sollte. Es geht nun aber nicht darum, neue Regeln aufzustellen, sondern spontan zu erfühlen, was jetzt in diesem Moment für Sie stimmt.

Finden Sie heraus, was für SIE stimmt. Sind Sie ein Morgenmensch, der, kaum aus den Federn, in Hochform ist? Nutzen Sie diese Qualität des Tages! Wenn Ihnen das aber gar nicht zusagt und Sie erst gegen Mittag auf Touren kommen, so richten Sie sich danach.

Gehen Sie frühzeitig zu Bett, so dass Sie sich morgens nicht vom Wecker terrorisieren lassen müssen, um wach zu werden, sondern frisch und ausgeruht von allein erwachen. Auf diese Weise werden Sie auch eher Zeit für eine Meditation zum Tagesbeginn, für Gymnastik oder ähnliches finden.

Beanspruchen Sie abends vor dem Einschlafen mindestens 30 Minuten für sich selbst. Erholen und entspannen Sie sich, schaffen Sie sich in Ihrer Innenwelt wertvolle Visionen, damit Sie sich unbelastet und froh von Ihrem Tag verabschieden können.

Stellen Sie nach und nach alle Bereiche des Lebens auf Ihren ureigenen Rhythmus ein. Das betrifft Ihre Eß- und Schlafgewohnheiten ebenso wie Ihre körperlichen Betätigungen zum Fithalten.

Wenn Ihnen Ihr derzeitiges Leben nicht erlaubt, nach Ihrem Rhythmus zu leben, dann läuft etwas Grundlegendes falsch. Vielleicht haben Sie noch nie Ihr eigenes Leben gelebt und sind deshalb auch nie so erfolgreich und erfüllt gewesen, wie Sie es hätten sein können, wenn Sie nur ganz auf sich selbst gehört hätten. Falls Ihr jetziges Leben mit Ihrem eigenen Rhythmus nicht in Einklang zu bringen ist, sollten Sie keinesfalls Ihren Rhythmus ändern, sondern vielmehr Ihr Leben. Vielleicht haben Sie bisher eine Vorstellung davon gelebt, wie Ihr Leben sein sollte, anstatt Ihr Leben selbst. Doch nur in Ihrem eigenen Leben, im Rhythmus Ihres eigenen Seins können Sie wahre Erfüllung finden und erfolgreich werden und bleiben.

Mit Humor geht alles besser

Witz, Komik, Ironie und Satire sind die Geschwister des Humors. Humor ist der freundlichste, bescheidenste und wohl auch leiseste von allen. Und er ist immer gutartig, so dass er mehr Freunde schafft als ein scharfer Witz.

Humor ist eine menschliche Grundhaltung, die auch Schwierigem mit heiterer Gelassenheit und souveränem darüber Stehen begegnet. Mit etwas Glück haben Sie den Humor von Natur aus mitbekommen, wenn nicht, können Sie ihn sich erwerben. Der Preis ist Liebe, auch für sich selbst. Humor ist eine besondere Art, die Wahrheit zu sehen und mit den Dingen umzugehen, ganz gleich, wie bedeutend und ernst sie sind.

Humor ist eine köstliche, meist unerwartete Art, dem anderen die Wahrheit zu sagen. Humor ist wie ein

Spiegel, der zeigt, was wesentlich und was unwesentlich ist. Und die Folge von Humor ist das Lachen und die Freude. Denn Humor ist sanft und aufbauend, jedoch ein kraftvoller Weg zu innerer Freiheit und Heilung, weil er uns wieder in die Unmittelbarkeit und Ganzheit des Lebens führt.

*Humor ist unverzichtbar auf dem Weg
zu sich selbst!*

Die Kunst des Genießens

Die Kunst des Genießens heißt, in das Geheimnis des Lebens einzutreten. Erleben Sie bewusst die vielen angenehmen Kleinigkeiten, die jeder Tag bietet? Erkennen Sie *jeden* Tag als Abenteuer, das Sie bisher noch nie erlebt haben!

Lebensfreude, Leichtigkeit und Glück sind nicht abhängig von irgendwelchen äußeren Umständen. Alles ist immer so leicht oder so schwer, wie Sie es sich selbst machen, und das Leben enthält immer so viel Schönes, wie Sie fähig sind, darin zu sehen. Genießen Sie deshalb Ihr Leben mit allen Aufs und Abs, mit allen Entwicklungen und bleiben Sie sich dabei selber treu.

Lernen Sie die Kunst des Zelebrierens, was bedeutet,

allem Tun durch die eigene Aufmerksamkeit einen ganz besonderen Wert zu geben. Machen Sie es sich zu eigen, möglichst jeden Augenblick zu zelebrieren. Fühlen Sie Ihre Lebendigkeit! Seien Sie von Zeit zu Zeit absichtslos und erfahren Sie dadurch das Ungewohnte und Überraschende.

Alles beginnt mit einem Traum. Träumen Sie Ihren Traum und streben Sie nach dessen Verwirklichung. Gestalten Sie Ihr Leben zu Ihrem Besten und zum Besten Ihrer Umwelt. Nehmen Sie dabei jede Chance wahr, die sich Ihnen bietet, um Sie auf Ihrem Weg zu einem eigenverantwortlichen, glücklichen Menschen weiterzubringen.

Meditation

Sich selbst wahrnehmen

Gehen Sie in einer Stilleminute in Ihre lichte Innenwelt. Dort sehen Sie vor sich einen Spiegel und schauen hinein. Sie sehen sich selbst, Ihren Körper:

Wer aber ist das, der diesen Körper anschaut und sagt: »Das ist mein Körper«? Der das sagt, bin ich selbst – also bin ich nicht der Körper. Ich bin derjenige, der diesen Körper gebraucht, dem dieser Körper gehört.

Ich beobachte jetzt meine Gedanken. Es sind meine Gedanken, aber ich bin nicht die Gedanken. Ich bin nicht der Verstand, der denkt – ich bin der Denker. Sobald ich aufhöre zu denken, herrscht Gedankenstille. So gestatte ich jetzt meinen Gedanken still zu sein – und ICH BIN. Damit erkenne ich, dass ich bestimme, ob ich denke, was ich denke und wann ich denke.

Nun schaue ich auf meine Gefühle. Wieder erkenne ich, dass auch sie zu mir gehören – aber ich bin nicht meine Gefühle. Ich spüre meine Gefühle, erlebe sie bewusst, doch ich entscheide, welche Gefühle ich zulasse, und welche ich verändern will, indem ich sie lenke und mein Gemüt kläre. Ich bin der, der IST.

Dann mache ich mir mein Unterbewusstsein bewusst, indem ich erkenne, dass ich ein solches habe. Sobald ich meine Aufmerksamkeit darauf lenke, wird mir bewusst, wieviele Prägungen, Verhaltensmuster, Eindrücke und Erfahrungen mein Leben bestimmen. Doch mein *wahres Selbst* hat nichts damit zu tun. Ich bin derjenige, der entscheidet, ob ich mich mit meinen (Fehl-)Haltungen identifiziere, wie sehr ich sie akzeptiere oder umwandle. Ich bin derjenige, der bestehende Programmierungen beibehält oder löscht und ersetzt, aber ich bin weder das Programm, noch das Unterbewusstsein, sondern derjenige, der bestimmt, der IST.

Ich schaue erneut auf meinen Körper und erkenne, dass mein Körper krank werden kann, aber nicht mein ICH. Es sind die Disharmonien in meinem Bewusstsein, die der Körper als Krankheit widerspiegelt. ICH aber BIN – werde weder krank, noch alt, noch kann ich sterben. Ich bin gesund, stark und vital – ICH BIN.

Und ich mache mir Stress bewusst und erkenne, dass Stress nur geschehen kann, wenn ich nicht ICH SELBST bin, wenn nicht *ich selbst* handle, sondern ausschließlich der Verstand und dieser gleichzeitig noch zu viel will. Sobald ich in meiner Mitte ruhe und aus dem *Sein* heraus handle, ist Stress unmöglich. Also betrachte ich meine Handlungen von diesem Standpunkt aus. In diesem wahren *Selbstbewusstsein* erkenne ich, was zu tun ist, und tue das Richtige im richtigen Augenblick. Auch das Verhältnis zu meiner »gelebten« Zeit und meiner Arbeitszeit schaue ich an und erkenne, dass es vom Verstand her bewältigt unverhältnismäßig viel Kraft kostet und relativ wenig bewirkt. Aus dem richtigen *Selbstbewusstsein* heraus getan kommt alles in den rechten Fluss, geschieht alles fast von selbst – Erfolg geschieht.

Nun blicke ich auf meine Persönlichkeit und erkenne, dass diese die Summe meiner Programmierungen und Verhaltensmuster und den daraus entstandenen Eigenschaften ist. Aber ich bin nicht meine Persönlichkeit, denn ich kann meine Eigenschaften verändern, indem ich ungewollte Programmierungen lösche und gewünschte einfüge. ICH BIN derjenige, der entscheidet, belässt oder verändert.

Dann schaue ich auf mein Selbstwertgefühl und frage mich, ob ich meiner SELBST bewusst bin. Erkenne ich mich bloß aufgrund meines kleinen »ich« oder aufgrund meiner »Persönlichkeit« oder bin ich mir wirklich meiner SELBST bewusst? Ich versuche, hinter die Fassaden zu blicken, lasse den Schein los und erspüre mein wahres Wesen, erspüre, wer *ich* wirklich *bin* und bin der, der ICH BIN. Ich bin mir bewusst, dass *ich bin* und lebe als ICH SELBST, als der, der *ich* wirklich *bin*. Ich erlebe mich im Alltag als *ich selbst*, als zeitloses SEIN. Ich erlebe, wie ich meine Zeit einteile, meinen Tag beginne, arbeite, mir aber auch Zeit für Ruhe, Stille, für Kontemplation, Zeit »für Einfälle« nehme. Ich erkenne meine Alterslosigkeit – ich bin, war immer und werde immer sein. Ich bin eigenschaftsloses Sein, und doch ruhen alle Eigenschaften latent in mir und warten darauf, dass ich zu mir, zu Bewusstsein komme, und mein Erbe antrete, als der, der *ich* wirklich *bin,* als ICH SELBST!

Literaturverzeichnis

Walter Lübek, *Das Tao des Geldes*
　　Verlag Windpferd, 1992
Phil Laut, *Geld ist mein Freund*
　　Verlag Goldmann, 1991
Shakti Gawain, *Kreativ visualisieren*
　　Verlag Sphinx, 1984
Dr. Donald Curtis, *Die magischen Kräfte deines Unterbewusstseins*
　　Verlag Das Besondere, 1981
Ralph Tegtmeier, *Der Geist in der Münze*
　　Verlag Goldmann, 1988

Im Buchhandel und Internet finden Sie stets brand-aktuelle Themen, sowie zeitlose Wissensschätze von *Kurt Tepperwein!*

Folgende Bücher und E-Books können Sie direkt über den BoD-Verlag (www.bod.de/www.bod.ch) detailliert einsehen, bevor Sie sich für Ihr Wunschthema entscheiden:

- Ab heute bin ich frei!
- Bäume ausreißen! – Trainingsheft für mehr Motivation
- Berufskrise ade! – Frei sein von Arbeitssucht, Stress, Burn-out, Mobbing, Innerer Kündigung und Arbeitslosigkeit Bewusstseinssprung in eine neue Dimension
- Blinddate mit Magen und Darm
- Bring Farbe in dein Leben mit Dankbarkeit
- Bring Farbe in dein Leben mit einem einfachen Lächeln
- Bring Farbe in dein Leben mit Heiterkeit
- Bring Farbe in dein Leben mit Herzensfülle
- Bring Farbe in dein Leben mit Hingabe pur
- Bring Farbe in dein Leben mit Liebesweisheit
- Bring Farbe in dein Leben mit Seelenkraft
- Bring Farbe in dein Leben mit Stille in dir
- Bring Farbe in dein Leben mit Wertschätzung
- Bring Farbe in dein Leben mit Zeitlosigkeit
- Das Buch der Erfolgsgesetze
- Die hohe Schule des Lebens
- Die Kunst mühelosen Lernens
- Die Praxis der geistigen Gesetze
- Die Renaissance der Frauenpower – 7 Schritte zur Liebesfähigkeit
- Du bist wie du bist!
- Ein Leben ohne Ängste und Sorgen? – Trainingsheft für mehr Lebensqualität
- Einfach nur schön
- Endlich wieder FIT! – Trainingsheft zur Gesunderhaltung
- Erwachen zum wahren Sein
- Folge deinem Leitstern
- Frau sein – ganz sein, Mentaltraining für eine neue Weiblichkeit
- Geistheilung durch sich selbst
- Gelassenheit
- Gelebte Achtsamkeit

- Gestalte dein Leben einfach neu! – Energetischer Impulsgeber zum Thema Alltagsführung
- Gesund für immer
- Glaube an Dich!
- Glücks-Gesetze
- GoldenWay Edition: Das Leben als Einweihungsweg
- GoldenWay Edition: Ihr Zauberstab Gedankenkraft
- Hilf dir selbst. Sei du selbst. Gesunde!
- Kausal-Training
- Leben im Überfluss, Die Zukunft selbst bestimmen
- Leben in der Gegenwart der Engel
- Liebst du mich auch? Energetischer Impulsgeber zum Thema Partnerschaft
- Nie mehr ärgern, bewusster leben
- Nie oder Jetzt! Aufbruch zur wahren Identität
- Out-Burn, Burn-out umkehren. Der Ausweg aus der Erschöpfungsfalle.
- Perlen der Weisheit
- Probleme adieu! Trainingsheft zur Konfliktbesänftigung
- Schreib Dein Leben um
- Selbstbewusst durchs Leben! – Energetischer Impulsgeber zum Selbstwert und Sicherheit
- Selbstheilungskräfte aktivieren
- Sinnfindung leicht gemacht! – Energetischer Impulsgeber zum Thema Bewusstwerdung
- Tepperwein Magazin der neuen Generation
- Tepperwein Magazin der neuen Generation 2
- Tepperwein Magazin: Wünsche & Träume mit Mental-Training verwirklichen
- Verwirklichung
- Wahre Freundschaft: Tierisch echt!
- Was wünscht du dir vom Leben?
- WEIH-NACHTEN
- Willkommen in der Leichtigkeit
- Willst du erfolgreich sein? – Leitfaden zu Reichtum und Erfolg
- Wunder vollbringen durch schöpferische Imagination
- Zeit halt, stehengeblieben! – Trainingsheft für ein gutes Zeitmanagement